CHRISTINA WIEDEMANN

EIWEISS, NUR GRÜN

Der Proteinkick aus Linsen, Erbsen, Tofu & Co.

THEORIE

PRAXIS

SERVICE

CHRISTINA WIEDEMANN

ist Diplom-Ökotrophologin, Autorin und zertifizierte Yoga-Lehrerin

---

»Hülsenfrüchte, Sprossen, Getreide, Nüsse und Samen sind eine hervorragende Eiweißquelle auch für Nichtvegetarier. Bauen Sie grüne Proteine in Ihre Ernährung ein.«

EIN WORT ZUVOR ...

Ohne Eiweiß läuft nichts in unserem Körper – Proteine bilden die Grundstruktur der Muskeln und Knochen und sorgen für einen funktionierenden Stoffwechsel. Doch welches Eiweiß ist das richtige?

Tierisches Eiweiß ist hochwertig und kann vom Körper leicht aufgenommen werden, aber es liefert auch viele gesättigte Fettsäuren und Cholesterin.

Sogenannte grüne Proteine, hochwertige pflanzliche Eiweiße aus Hülsenfrüchten, Getreide, Pseudogetreide und Nüssen, werden daher immer beliebter.

Aber auch pflanzliches Eiweiß hat einen Nachteil: Es enthält meist nicht alle essenziellen Eiweißbausteine gleichzeitig. Durch geschicktes Kombinieren werden Hülsenfrüchte, Getreide & Co. jedoch zu Top-Eiweißlieferanten, die Fisch und Fleisch in nichts nachstehen. Im Gegenteil: Sie sind darüber hinaus eine wertvolle Quelle für Ballaststoffe, gesunde Fettsäuren und sekundäre Pflanzenstoffe. Und nicht zuletzt sind sie auch kulinarisch ein Highlight: Früher wegen der hausbackenen Rezepte oft wenig beliebt, überzeugen Bohnen, Linsen, Buchweizen und Dinkel heute in überraschend vielseitigen Kreationen.

Kombinieren Sie die Grüne-Proteine-Küche mit den Yoga-Übungen, die ich Ihnen ab Seite 107 vorstelle, und spüren Sie den besonderen Fitnesskick für Ihre Figur – werden Sie fit, schlank und beweglich.

Lassen Sie sich also inspirieren und genießen Sie das wertvolle Grün!

DIE GRÜNE KRAFT

VIELE PFLANZLICHE LEBENSMITTEL SIND WAHRE SCHATZKÄSTCHEN: VOLL MIT WERTVOLLEM PFLANZLICHEM EIWEISS UND ANDEREN WICHTIGEN VITALSTOFFEN. NUTZEN SIE DIE GRÜNE EIWEISSPOWER FÜR MEHR GESUNDHEIT UND WOHLBEFINDEN.

GRÜNE EIWEISSKRAFT NUTZEN

Immer mehr Menschen entscheiden sich dafür, weniger tierische Proteine zu sich zu nehmen oder sogar ganz auf sie zu verzichten. Neben dem Wunsch nach einer gesünderen Ernährung spielen auch ethische und ökologische Gründe dabei eine Rolle. Aber lässt sich der Bedarf an wertvollem Eiweiß tatsächlich mit Pflanzen decken?
Diese Frage kann mit einem klaren Ja beantwortet werden. In der vegetarischen Ernährung spielt pflanzliches Protein schon lang eine wichtige Rolle. Die sogenannten grünen Proteine aus Hülsenfrüchten, Getreide, Pseudogetreide, Nüssen und Samen haben dadurch einen neuen Stellenwert bekommen. Zu Recht, denn mit ihrem hohen Gehalt an hochwertigem Eiweiß sind diese Lebensmittel nicht nur für Vegetarier und Veganer, sondern auch für Sportler und Menschen, die auf ihr Gewicht achten oder

sich einfach gesünder ernähren wollen, von entscheidender Bedeutung. So kommen beispielsweise Hülsenfrüchte, die in unserer Küche lang ein Schattendasein fristeten, zu neuen Ehren. Auch alte Getreidesorten wie Einkorn erleben eine Renaissance. Und die Lupine, die bisher kaum mehr als eine Zierpflanze oder Tierfutter war, wird ebenfalls als heimische Eiweißquelle entdeckt.
Kurz gesagt: Pflanzliche Lebensmittel können einen wichtigen Beitrag zur Versorgung mit Eiweiß leisten und überzeugen zudem durch kulinarische Vielseitigkeit.

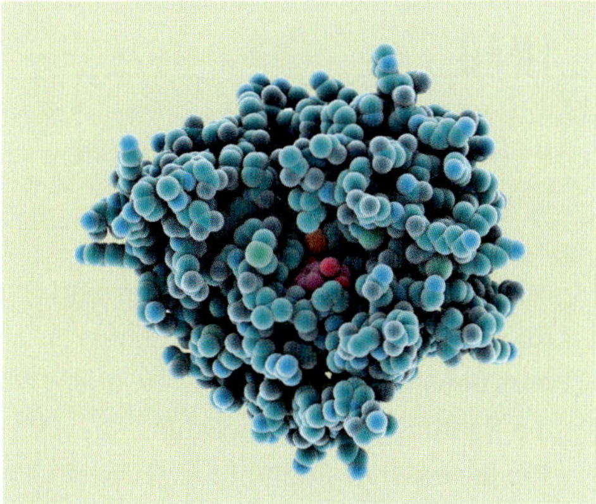

Bausteine des Lebens: Jedes Eiweiß besteht aus einer langen Kette von Aminosäuren.

Aufgaben von Proteinen

Proteine oder Eiweiße sind in jedem Gewebe und jeder Zelle unseres Körpers zu finden. Ihre Aufgaben im menschlichen Organismus sind äußerst vielfältig:

- Als Strukturproteine bestimmen sie den Bauplan der Zellen und somit den gesamten Körperaufbau.
- Proteine sind auch die Grundbausteine der Muskelfasern.
- Als Enzyme übernehmen sie verschiedene Funktionen, ohne die die meisten Stoffwechselvorgänge in den Zellen nicht ablaufen könnten.
- Außerdem sind Proteine eine wichtige Energiequelle.

Die Proteinzufuhr über die Nahrung ist für den Erhalt der körpereigenen Eiweißstrukturen äußerst wichtig.

Die Proteinstruktur

Eiweiße setzen sich aus verschiedenen Bausteinen, den Aminosäuren, zusammen. Es gibt 20 Aminosäuren, die beliebig kombiniert werden können. Dadurch verfügt jede Eiweißart über spezifische Eigenschaften. Die Eiweißbausteine werden durch sogenannte Peptidbindungen zu Ketten verbunden. Diese Ketten können aus mehreren Tausend Aminosäuren bestehen. Ketten mit weniger als 100 Aminosäuren heißen Peptide, längere Proteine.
Aminosäuren sind für uns unverzichtbar. Sie werden nach ihrer Entbehrlichkeit eingeteilt: entbehrliche Aminosäuren, die vom Körper selbst gebildet werden können und unentbehrliche, die nicht selbst hergestellt werden können und daher Bestandteil der Nahrung sein müssen.

INFO

UNENTBEHRLICHE AMINOSÄUREN

Unser Körper ist überwiegend auf Nahrungsproteine angewiesen. Die folgenden 9 der 20 Aminosäuren sind für einen funktionierenden Organismus unentbehrlich und müssen über die Nahrung zugeführt werden. Top-Lieferanten sind Bohnen, Linsen und Süßlupinen. Nachfolgend eine Aufstellung, in welchen Lebensmitteln die unentbehrlichen Aminosäuren unter anderem noch vorkommen:

Histidin: Enthalten in Erbsen, Dinkel, Erdnüssen, Reis

Isoleucin: Enthalten in Erbsen, Mais, Quinoa, Hafer, Walnüssen

Leucin: Enthalten in Erbsen, Reis, Mais, Hirse, Haselnüssen

Lysin: Enthalten in Buchweizen, Quinoa

Methionin: Enthalten in Buchweizen, Erbsen, Sesam, Mandeln

Phenylalanin: Enthalten in Erbsen, Kürbiskernen, Quinoa

Threonin: Enthalten in Erbsen, Mais, Reis, Weizen, Amarant

Tryptophan: Enthalten in Erbsen, Mais, Cashewkernen

Valin: Enthalten in Erbsen, Hirse, Reis, Dinkel, Spirulina

Grüne Eiweißquellen

Eiweiß ist in fast allen Lebensmitteln enthalten: Vor allem Lebensmittel tierischen Ursprungs wie Milch, Milchprodukte, Fleisch und Fisch sind eiweißreich. Doch es gibt auch pflanzliches Eiweiß. Wir finden es hauptsächlich in Hülsenfrüchten, Getreide, Pseudogetreide, Nüssen und Samen. Diese sogenannten grünen Eiweißquellen bieten beste Voraussetzungen für eine effiziente Versorgung mit hochwertigen Proteinen.

Linsen, Bohnen & Co.

Gerade noch Mauerblümchen im Vorratsschrank, haben Hülsenfrüchte ihr angestaubtes Image verloren und starten als neue Proteinstars durch. Neben Bohnen, Linsen und Sojaprodukten ist auch die heimische Süßlupine auf dem Vormarsch. Viele Hülsenfrüchte sind im Supermarkt bereits gekocht im Glas oder in der Dose erhältlich. Neben hochwertigem Eiweiß liefern Hülsenfrüchte gesunde Fettsäuren sowie wertvolle Vitamine und Mineralstoffe. Sie sind gut für die Darmgesundheit und senken den Cholesterinspiegel. Ihre sekundären Pflanzenstoffe reduzieren zudem das Risiko für Herz-Kreislauf-Erkrankungen und Krebs.

Getreide & Pseudogetreide

Auch verschiedene Getreidesorten avancieren derzeit als »Power«- oder »Super-Grains« (»Grain« englisch für »Getreide«)

zum trendigen Lebensmittel. Zu Recht: denn Reis, Mais, Hirse, Hafer und Weizen, aber auch Urgetreide wie Dinkel, Einkorn und Emmer sind hervorragende Eiweißlieferanten. Und Pseudogetreide wie Amarant, Quinoa und Buchweizen übertrumpfen das klassische Getreide mit ihrem Eiweißgehalt sogar noch. Alle Getreidekörner liefern zudem wertvolle Mineralstoffe, Vitamine und Ballaststoffe. So enthalten beispielsweise Hirse und Hafer viel Eisen, Weizen, Reis und Hirse viel Magnesium, und Hafer bietet Vitamin B_1, das gut für die Nerven ist.

Nüsse & Samen

Nüsse wie Walnüsse, Mandeln oder Erdnüsse, Samen wie Lein- und Hanfsamen oder Chia-Samen und Sonnenblumenkerne punkten ebenfalls mit ihrem hohen Eiweißgehalt. Darüber hinaus sind sie für ihre gesunden Fette und wertvollen Mineralstoffe sowie Vitamine bekannt. Die Kraftpakete speichern auf kleinstem Raum viele Nährstoffe und sollten daher möglichst täglich auf dem Speiseplan stehen – es reicht bereits eine Handvoll pro Tag.

Biologische Wertigkeit

Einige Aminosäuren können besser, andere weniger gut als Bausteine für Eiweiße verwendet werden. Die biologische Wertigkeit eines Lebensmittels gibt die Qualität des Nahrungseiweißes an. Das heißt, wie viel Körpereiweiß aus 100 Gramm Nahrungseiweiß gebildet werden kann. Je nachdem wie ähnlich das Nahrungseiweiß dem körpereigenen Eiweiß ist, liegt die biologische Wertigkeit zwischen 0 und 100. Je höher die biologische Wertigkeit, umso wertvoller ist ein Eiweiß.

Geschickt kombinieren

Wie wir wissen, hat jedes Eiweiß seine eigene charakteristische Zusammensetzung aus unterschiedlichen Aminosäuren ▸ **siehe Seite 9**. Durch eine geschickte Kombination von Lebensmitteln können sich fehlende Aminosäuren ergänzen und somit die Eiweißversorgung optimieren. Eine Ergänzung von pflanzlichem mit tierischem Eiweiß, wie wir sie aus vielen Empfehlungen kennen, ist aber nicht notwendig. Auch die richtige Kombination grüner Proteine stellt eine hochwertige Versorgung sicher.
Eiweißlieferanten mit einer hohen biologischen Wertigkeit sind Kombinationen aus:

- Getreide und Hülsenfrüchten (beispielsweise Mais mit Bohnen, Seitan mit Bohnen oder Linsen, Reis mit Linsen, Hirse mit Kichererbsen, Weizen mit Süßlupine oder Kichererben)
- Getreide und Milchprodukten (beispielsweise Haferflocken mit Milch oder Joghurt, Grünkern mit Sauerrahm)
- Hülsenfrüchten und Eiern (beispielsweise Bohnen oder Erbsen mit Eiern, Sojaprodukte mit Eiern)

Optimale Proteinversorgung

Wie viel Eiweiß wir täglich zu uns nehmen sollen, wird in der Wissenschaft nach wie vor diskutiert. Allgemein lässt sich sagen, dass die empfohlene tägliche Menge abhängig von Körpergewicht und Geschlecht ist. Die Deutsche Gesellschaft für Ernährung (DGE e. V.) empfiehlt eine tägliche Aufnahme von 0,8 Gramm Eiweiß pro Kilogramm Körpergewicht. Das sind im Durchschnitt circa 58 Gramm für Männer und circa 48 Gramm für Frauen. Auf die Energiezufuhr umgerechnet entspricht dies etwa 9 bis 11 Prozent des täglichen Energiebedarfs. Eine bessere Akzeptanz, das heißt eine bessere Umwandlung von Nahrungsprotein in körpereigenes Protein, wird jedoch mit 15 Prozent erreicht. Neben einer ausreichenden Eiweißzufuhr sollten Sie auch darauf achten, genügend Energie, sprich Kalorien, über die Nahrung aufzunehmen, damit Nahrungsproteine auch wirklich zum Aufbau körpereigener Proteine verwendet werden und nicht nur als Energiequelle dienen.

TIPP

EIWEISSSHAKE

Vergessen Sie gekaufte Eiweißshakes. Für einen leckeren, gesunden Eiweißkick mixen Sie 3 Esslöffel Hanfprotein in Ihren selbst gemachten Shake oder Smoothie (▸ **siehe Seite 118**). Das versorgt Sie zusätzlich mit wertvollen Vitalstoffen.

Vegetarier & Veganer

Vegetarier können mit einer breiten Auswahl an grünen Proteinen ihren Eiweißbedarf decken. Sie sollten aber unbedingt auf eine ausreichende Energiezufuhr achten. Auch bei veganer Kost lässt sich die Eiweißversorgung mit grünen Proteinen sicherstellen, wenn auf Vielseitigkeit und ausreichende Energiezufuhr Wert gelegt wird.

Abnehmwillige & Sportler

Auch Menschen, die auf ihr Gewicht achten oder es reduzieren wollen, profitieren von grünen Proteinen. Die gute Sättigung nach einer eiweiß- und ballaststoffreichen Mahlzeit hilft langfristig, Gewicht abzubauen und den sogenannten Jo-Jo-Effekt nach dem Abnehmen zu vermeiden.

Freizeitsportler sind ausreichend mit Eiweiß versorgt, wenn die Energiezufuhr stimmt und sie eine breite Auswahl an grünen Proteinen zu sich nehmen. Ausdauer- und Kraftsportler benötigen 1,2 bis 1,7 Gramm mehr Eiweiß pro Kilogramm Körpergewicht. Doch auch dieser Bedarf lässt sich mit grünen Proteinen gut decken. Der Muskelaufbau wird dabei am besten angeregt, wenn Sie direkt nach dem Training zusätzlich 15 bis 25 Gramm Eiweiß aufnehmen.

GRÜNE PROTEINE – SO GESUND SIND DIE LIEFERANTEN

Pflanzliche Lebensmittel wie Hülsenfrüchte, Getreide, Nüsse und Samen ermöglichen eine hochwertige eiweißreiche Ernährung und punkten mit vielen weiteren gesunden Inhaltsstoffen.

Mineralstoffe wie Kalzium, Magnesium und Kalium sorgen für starke Muskeln, Knochen und Nerven.

Wertvolle Vitalstoffe wie Vitamin C und E sowie Zink pushen das Immunsystem.

Eisen unterstützt in Verbindung mit Vitamin C die Blutbildung.

Ungesättigte Fettsäuren wie Omega-3-Fettsäuren leisten einen wichtigen Beitrag zur Herzgesundheit.

B-Vitamine stärken die Nerven.

Ballaststoffe sorgen für lange Sättigung und fördern eine gute Verdauung und Darmflora.

Sekundäre Pflanzenstoffe wie Carotinoide und Phytoöstrogene senken das Risiko von Diabetes und Herz-Kreislauf-Erkrankungen.

EIWEISSSTARS: HÜLSENFRÜCHTE

Schon vor Jahrtausenden wurden Hülsenfrüchte im Nahen Osten kultiviert. Das im Anbau anspruchslose, preiswerte und dabei vielseitige Nahrungsmittel sicherte das Überleben vieler Völker. Bei uns waren die sogenannten Leguminosen lange Zeit als Armeleuteessen verpönt, heute erleben sie jedoch dank ihrer wertvollen Inhaltsstoffe ein Revival. Hülsenfrüchte gehören zur Pflanzenfamilie der Schmetterlingsblütler. Ihre Samen reifen in ein- bis mehrsamigen Hülsen heran. Sie besitzen mit meist über 20 Prozent den höchsten Eiweißgehalt aller pflanzlichen Lebensmittel, was sie für Vegetarier und Veganer zu einem wichtigen Bestandteil der Ernährung macht. Weltweit gibt es über 20 000 Arten. Hülsenfrüchte gehören somit zu den artenreichsten Pflanzenfamilien. Schauen wir uns also Bohnen, Linsen, Erbsen, Soja und Lupinen genauer an.

Bohnen

Bohnen haben eine jahrtausendelange Geschichte und gehören zu den wenigen Gemüsesorten, die weltweit in nahezu allen Kulturen angebaut werden. Auch in der modernen Küche mit ihrem Trend zu fleischarmen und gesunden Gerichten erfreut sich die bunte Bohnenvielfalt großer Beliebtheit. Bohnen bieten eine überraschende Vielzahl an kulinarischen Möglichkeiten und haben nicht nur in der vegetarischen und veganen Ernährung viele Fans.

Mehr Eiweiß als Fleisch

Bohnen gehören zu den eiweißreichsten pflanzlichen Lebensmitteln ▸ **siehe Tabelle vordere Innenklappe**. Sie haben einen höheren Eiweißanteil als die meisten Fleischsorten. Zur Steigerung der biologischen Wertigkeit sollten Bohnen allerdings durch andere eiweißreiche Nahrungsmittel wie Getreide oder Milchprodukte ergänzt werden ▸ **siehe Seite 11**. In diesen Kombinationen liefern sie die lebenswichtigen Aminosäuren zum Aufbau von vollwertigem Eiweiß in einem optimalen Verhältnis.

Bohnen sind zudem eine wichtige Quelle für Mineralstoffe wie Kalium, Kalzium, Magnesium, Zink und Eisen sowie für Vitamin K und die B-Vitamine. Diese wertvolle Vitalstoffmischung hat eine positive Wirkung auf Herz und Nerven, Muskeln und Knochen. Alle Bohnen, mit Ausnahme der Sojabohnen, sind fettarm. Außerdem enthalten sie komplexe Kohlenhydrate, die für eine lang anhaltende Sättigung sorgen, und reichlich Ballaststoffe, die eine gute Verdauung fördern und die Darmgesundheit unterstützen. Ist der Nährwert der verschiedenen Bohnensorten auch relativ ähnlich, so unterscheiden sie sich doch in Textur und Geschmack. Es gibt Bohnen, die süßlich schmecken, andere haben einen eher würzigen Geschmack. Im Folgenden stelle ich Ihnen einige bekannte Vertreter der großen Bohnenfamilie vor:

SCHWARZAUGENBOHNEN

Die weißlichen Schwarzaugenbohnen haben einen dunklen Ring (Auge) um den Nabel, dem sie ihren Namen verdanken. Ursprünglich stammen sie aus Afrika. Sie sind aber in Indien ebenfalls sehr beliebt. Die auch als Kuh- oder Schlangenbohnen bekannten Hülsenfrüchte haben einen süßlichen Geschmack und nehmen das Aroma anderer Zutaten gut an. Sie sind deshalb ideal für Suppen und Eintöpfe geeignet. Auch als Beilage, Püree oder in Bratlingen schmecken Schwarzaugenbohnen gut.

AZUKIBOHNEN

Die kleinen roten Bohnen haben in Asien eine lange Tradition. Wegen ihres süßlichen Geschmacks gelten sie in Ostasien als Delikatesse: Pürierte Azukibohnen werden mit Zucker zu einer Paste vermischt, die als

Grundlage für süße Dips, Füllungen und Desserts dient. Heutzutage bereichern Azukibohnen auch unsere Küche und überzeugen mit ihrem süßlich-nussigen Aroma und der relativ festen Konsistenz unter anderem in frischen Salaten. Sie eignen sich auch gut für Suppen, Eintöpfe und als Beilage zu Reis. Azukibohnen werden als Trockenbohnen angeboten und können auch für die Sprossenzucht ▸ **siehe Seite 38** verwendet werden. Sie sind kleiner als die ebenfalls rötlichen Kidneybohnen und haben in der Mitte einen weißen Strich.

KIDNEYBOHNEN

Bekannt sind die rötlichen Bohnen vor allem durch das scharfe Fleischgericht Chili con Carne aus der Tex-Mex-Küche. Aber auch in einem vegetarischen Eintopf machen sie eine gute Figur. Ihre Nierenform gibt den Bohnen (»Kidney« englisch für »Niere«) den Namen. Kidneybohnen werden in Amerika und Afrika angebaut und als Trockenbohnen oder in Konserven angeboten. Sie haben eine kräftige Schale und einen mehligen Kern. Die leicht süßlichen Bohnen behalten auch nach dem Kochen Form und Farbe und eignen sich gut für Suppen, Salate und Aufläufe.

WICHTIG

KEINE ROHEN BOHNEN

Da viele Bohnen in rohem Zustand den Giftstoff Phasin enthalten, dürfen sie nur gegart verzehrt werden. Durch 10- bis 15-minütiges Garen wird das Gift, das Brechdurchfall und blutige Entzündungen im Dünndarm hervorrufen kann, zerstört.

MUNGBOHNEN

Die Heimat der Mungbohnen (auch Mungobohnen) ist Indien sowie Ost- und Mittelasien. Die kleinen olivgrünen, im Inneren hellgelben Bohnen schmecken leicht nussig und sind besser verträglich als andere Hülsenfrüchte, da sie kaum Blähungen verursachen. Sie eignen sich für Salate, Suppen, Eintöpfe oder als Gemüse. Geschälte, halbierte Mungbohnen sind hellgelb und werden traditionell für Pfannkuchen verwendet. Bekannter sind Mungbohnensprossen, die Sie in wenigen Tagen zu Hause selbst ziehen können ▸ **siehe Seite 38**. Die Sprossen sind sehr vitaminreich und schmecken gut in Salaten oder Wokgerichten. Aufgrund ihrer Ähnlichkeit werden Mungbohnensprossen häufig mit Sojasprossen verwechselt, wobei Erstere einen frischeren Geschmack haben.

SCHWARZE BOHNEN

Schwarze Bohnen zählen in der Karibik und in Mittel- und Südamerika zu den Grundnahrungsmitteln wie Brot und werden beinahe zu jeder Tageszeit gegessen.

BOHNENVIELFALT

Das Auge isst mit. Bohnen bestechen nicht nur durch ihre gesunden Inhaltsstoffe. Abwechslungsreich in Form und Farbe, bereichern sie unseren Tisch auch optisch.

Die Bohnen haben ein schwarzes, glänzendes Aussehen, sind innen weiß und weich und schmecken süßlich. Farbliche Akzente setzen die aromatisch-würzigen Bohnen in frischen Salaten. Traditionell werden sie zu Eintöpfen und Pürees verarbeitet oder zu Mais, Hirse und Reis gegessen.

WACHTELBOHNEN

Die rot-braun-beige gesprenkelten Bohnenkerne ähneln optisch den getupfen Eiern der Wachteln, denen sie auch ihren Namen verdanken. Die Bohnen sind mehlig, aber festkochend und eignen sich gut für Salate, in denen sie auch hübsch aussehen, sowie für Suppen, Eintöpfe und Risotti.
Ähnlich verwendet werden die italienischen Borlotti-Bohnen. Die bräunlichen Bohnen mit roten Flecken und Streifen sind bei uns meist getrocknet erhältlich.

TIPP

BLÄHUNGEN VORBEUGEN

Hülsenfrüchte sind für ihre blähende Wirkung bekannt. Dieser unangenehme Nebeneffekt muss aber nicht sein: Die blähenden Inhaltsstoffe bauen sich mit zunehmender Einweich- und Kochzeit ab und gehen ins Wasser über ▸ **siehe hintere Innenklappe.** Deshalb ist es empfehlenswert, das Einweichwasser und das Kochwasser von Hülsenfrüchten immer abzugießen.

WEISSE BOHNEN

Weiße Bohnen ist ein Sammelbegriff für weiße bis cremefarbene Bohnen, die eine dünne Schale und einen hohen Stärkegehalt haben. Sie sind weich und mehligkochend. Da sie das Aroma anderer Zutaten besonders gut aufnehmen, werden sie bevorzugt für Eintöpfe, Schmorgerichte und Suppen verwendet. Weiße Bohnen gibt es getrocknet oder vorgegart zu kaufen. Gebacken und mit Tomatensauce serviert, gehören sie als Baked Beans zum typisch britischen Frühstück. Die länglichen Cannellini-Bohnen sind besonders in der italienischen Küche als Antipasti oder für Minestrone beliebt. Die Giganten unter den Bohnen – die weißen Riesenbohnen – sind ein fester Bestandteil griechischer und italienischer Vorspeisen und machen sich auch gut in Bratlingen, Suppen und Pürees.

GRÜNE BOHNEN

Zu den grünen Bohnen gehören unter anderen Prinzessbohnen und Keniabohnen. Grüne Bohnen können im Gegensatz zu den anderen Bohnensorten komplett mit Hülse gegessen werden. Sie sind frisch, tiefgekühlt oder als Konserve erhältlich. Grüne Bohnen sind kalorienarm. Sie enthalten deutlich weniger Eiweiß als getrocknete, liefern aber eine Menge Mineral- und Ballaststoffe.

Sojabohnen

Sojabohnen sind unter anderem wegen ihrer vielseitigen Verwendungsmöglichkeiten heute weltweit die bedeutendsten Hülsenfrüchte. In den zwei bis zehn Zentimeter langen Hülsen der Bohnen, die in China schon seit Jahrtausenden kultiviert werden, wachsen jeweils bis zu fünf Samen heran. Diese variieren in Farbe und Form: Sie können braun, gelb, weiß, grün oder violett sein und dabei rund, ei- oder nierenförmig, flach oder gewölbt.

Haltbar & vielseitig

Sojabohnen sind bei uns meist getrocknet erhältlich und können beinahe unbegrenzt lang gelagert werden. Sie eignen sich gut für Currys, Suppen und Eintöpfe, schmecken aber auch pur als Gemüse. Aus getrockneten Sojabohnen werden auch Keimlinge gezogen, die als Sojabohnensprossen in der asiatischen Küche unverzichtbar sind.

Hohe biologische Wertigkeit

Sojabohnen erfreuen sich nicht nur aufgrund ihrer Vielseitigkeit großer Beliebtheit, ihre wertvollen Inhaltsstoffe machen sie auch zu einem wahren Powerpaket. Unter allen Hülsenfrüchten haben Sojabohnen mit circa 35 Prozent einen der höchsten Eiweißgehalte. Ein besonderes Plus ist, dass das Sojaprotein als eines der wenigen pflanzlichen Eiweiße alle unentbehrlichen Aminosäuren enthält und dem Fleischeiweiß in seiner biologischen Wertigkeit nahezu ebenbürtig ist.

Rund & gesund: Sojabohnen gehören zu den Megastars unter den grünen Eiweißlieferanten.

Gesunde Fette

Auch beim Fettgehalt zählen Sojabohnen mit circa 18 Prozent zu den Spitzenreitern unter den Hülsenfrüchten. Aber keine Sorge, hier handelt es sich überwiegend um die gesunden einfach und mehrfach ungesättigten Fettsäuren, die sich positiv auf den Cholesterinspiegel auswirken. Zusätzlich sind Sojabohnen selbst frei von Cholesterin.

Gute Sattmacher

Der hohe Ballaststoffanteil in Sojabohnen sorgt für einen konstanten Blutzuckerspiegel und somit für eine lang anhaltende Sättigung. Heißhungerattacken bleiben aus.

Fleißige Radikalfänger

Als besonders wertvoll gelten die Hülsenfrüchte auch wegen ihres hohen Gehalts an Phytoöstrogenen. Das sind Substanzen mit einer natürlichen Östrogenwirkung, die zur Gruppe der sekundären Pflanzenstoffe zählen. Sie wirken antioxidativ, das heißt, sie schützen die Zellen vor freien Radikalen. Zahlreiche Studien haben zudem gezeigt, dass insbesondere die in Soja enthaltenen Isoflavone positiv auf den Knochenstoffwechsel einwirken können.

INFO

GENMANIPULIERT ODER HEIMISCH?

Sojabohnen benötigen zum Wachstum viel Wärme, weshalb sie hauptsächlich in Südamerika und den USA angebaut werden. Vor allem in den USA werden aber häufig genmanipulierte Sojabohnen angepflanzt. Wer diese Art der Lebensmittelmanipulation ablehnt, sollte auf Sojabohnen in Bioqualität setzen. Aufgrund neuer Sorten und der Klimaerwärmung ist es inzwischen auch möglich, Soja in Deutschland anzubauen. Deutsche Sojabohnen in Bioqualität sind eine nachhaltige Alternative.

Grundlage für viele Lebensmittel

Sojabohnen dienen als Grundlage für hochwertige eiweißreiche Lebensmittel wie Tofu, Tempeh, Sojadrink, Sojaöl, Sojaschnetzel, Sojasauce und die Gewürzpaste Miso.

SOJADRINK

Aus zermahlenen, eingeweichten und dann ausgepressten Sojabohnen und Wasser wird Sojadrink hergestellt. Er kann wie Kuhmilch eingesetzt werden und ist daher eine ideale pflanzliche Alternative. Da er kalziumarm ist, wird Sojadrink oft Kalzium zugesetzt. Wird er mit Milchsäurebakterien versetzt, entsteht sogenannter Sojaghurt.

TOFU

Durch Gerinnung von Sojadrink entsteht Tofu. Dazu wird dem Drink Nigari, ein Meersalzextrakt, das als natürliches Gerinnungsmittel fungiert, beigegeben. Tofu ist fett- und kalorienarm und als Natur- oder Räuchertofu sowie verfeinert mit Kräutern oder Nüssen erhältlich. Er kann unter anderem roh, gebraten oder frittiert gegessen werden. Der cremige Seidentofu dient als Grundlage für Süßspeisen und ist traditionell Bestandteil japanischer Misosuppen.

SOJAVIELFALT

Aus Sojabohnen werden zahlreiche eiweißreiche Lebensmittel hergestellt, die vor allem für die vegane und vegetarische Küche eine wichtige Bereicherung sind.

Knabber-Klassiker aus Japan: Edamame und Bier. Einfach ausprobieren, es lohnt sich!

TEMPEH

Durch Fermentation von Sojabohnen oder Tofu wird Tempeh gewonnen. Tempeh stammt aus Indonesien und ist eine feste Sojabohnenmasse, die mit einer Schimmelpilzkultur hergestellt wird. Tempeh wird gekocht, gebraten oder frittiert gegessen.

Edamame

Edamame sind frische grüne, noch unreife Sojabohnen in der Schote. Sie werden ein paar Minuten in Salzwasser gegart und als Snack einfach aus der Hülse gelöst – eine gesunde und kalorienarme Alternative zu Chips. In Japan werden sie traditionell mit einem Bier serviert.

Die knackigen Bohnen sind reich an Eiweiß und trumpfen zudem mit einer guten Portion an Ballaststoffen auf. Dadurch halten sie unseren Blutzuckerspiegel konstant und machen lang satt. Mit einer Extraportion Eisen sind die grünen Powerbohnen außerdem ein prima Muntermacher.

Edamame finden Sie in gut sortierten Asienläden als Tiefkühlprodukt. Zur Weiterverarbeitung werden die zarten Sojabohnenkerne ähnlich wie Erbsen kurz blanchiert und dann aus den Hülsen gepult. Mit ihrem nussigen Geschmack überzeugen sie in Pürees, Currys und Eintöpfen.

Erbsen

Der eine soll ein »Erbsenzähler« sein, die andere eine »Prinzessin auf der Erbse«. Doch Erbsen sind nicht nur sprachlich in aller Munde. Sie gehören zu den ältesten Kulturpflanzen der Welt und sind heute eine der wichtigsten Gemüsesorten. Ursprünglich kommen Erbsen aus Asien. Es gibt circa 250 verschiedene Sorten, die sich in Farbe, Form und Größe unterscheiden und in drei Kategorien eingeteilt werden können:

Kategorie 1: Markerbsen

Markerbsen haben runzelige, leicht eckige, süß schmeckende Samen. Die jungen, frischen Erbsen verlieren schnell ihr Aroma und verderben rasch. Sie sollten deshalb ein bis zwei Tage nach der Ernte verbraucht werden. Aufgrund der schlechten Lagereigenschaften findet man Markerbsen vor allem in Dosen und als Tiefkühlware. Sie schmecken als Gemüse, in Pürees, Aufstrichen, Suppen oder Risotti.

Kategorie 2: Zuckererbsen

Zuckererbsen, auch Zuckerschoten genannt, haben eine zarte Hülle und Körner, die mit der Schale gegessen werden können. Auffällig sind ihr hoher Zuckergehalt und ihr süßer Geschmack. Sie machen sich unter anderem gut in asiatischen Wokgerichten.

Kategorie 3: Palerbsen

Palerbsen, auch Schäl- oder Schalerbsen genannt, reifen in der Hülse an der Pflanze aus und werden getrocknet angeboten. Die Samenschale ist hart und schwer verdaulich und muss daher entfernt werden. Beim Schälen zerfallen die Trockenerbsen in die beiden Keimblätter, die für ein besseres Aussehen noch geschliffen und poliert werden. Durch den hohen Stärkegehalt schmecken Schalerbsen weniger süß und eher mehlig. Sie eignen sich deshalb perfekt für Suppen, Eintöpfe, Pürees oder Aufstriche.

DER EXTRAKICK FÜR DIE ABWEHR

Erbsen zeichnen sich durch ihren hohen Anteil an biologisch hochwertigem Eiweiß aus. Als eines der eiweißreichsten pflanzlichen Lebensmittel leisten sie unter anderem einen wichtigen Beitrag zur Knochengesundheit. Getrocknete Erbsen haben mit circa 23 Prozent einen wesentlich höheren Eiweißgehalt als frische Erbsen mit circa 7 Prozent ▸ **siehe Tabelle vordere Innenklappe.**
Der hohe Gehalt an komplexen Kohlenhydraten in Erbsen sorgt mit wertvollen Ballaststoffen für einen konstanten Blutzuckerspiegel und eine lang anhaltende Sättigung. Die fettarmen Hülsenfrüchte sind zudem reich an Mineralstoffen wie Kalium und Magnesium für Muskeln und Nerven sowie Eisen und Zink für die Immunabwehr. Zuckerschoten punkten ferner mit einem hohen Vitamin-C-Gehalt, und Palerbsen liefern reichlich Vitamin E, das den Körper vor freien Radikalen schützt. Erwähnenswert sind noch die in Erbsen enthaltenen Saponine, seifenähnliche Substanzen, die zur Gruppe der sekundären Pflanzenstoffe zählen und krebsvorbeugend, entzündungshemmend sowie cholesterinsenkend wirken.

Kichererbsen

Kichererbsen sind in der orientalischen Küche unverzichtbar, aber auch bei uns erfreuen sie sich inzwischen großer Beliebtheit. Schon ihr Name zaubert manchem von uns ein Schmunzeln ins Gesicht. Mit Kichern hat er allerdings nichts zu tun: Der Wortteil »Kicher« stammt vom lateinischen Begriff *cicer* für Erbse.
Die Samen, die allein, zu zweit oder zu dritt in einer blasenförmigen, dünnschaligen Hülse heranreifen, haben eine unregelmäßige Form und schmecken leicht nussig. Kichererbsen werden im Handel getrocknet

Kichererbsen müssen gekocht werden. Wie Bohnen sind sie in rohem Zustand giftig.

angeboten und sind so sehr lang haltbar. Praktisch sind auch vorgegarte Kichererbsen aus der Dose oder dem Glas. Kulinarisch lassen sich Kichererbsen vielfältig einsetzen: Sie schmecken geröstet zum Knabbern, in Suppen, Eintöpfen und Salaten.
Ein klassisches Gericht der orientalischen Küche ist Hummus – Kichererbsenpüree mit Tahin (Sesampaste). Zunehmend bei uns als Imbiss beliebt sind auch Falafel – frittierte Kichererbsenbällchen.

Für starke Nerven und Knochen

Die nussig schmeckenden Samen sind fettarm, reich an Eiweiß und haben einen besonders hohen Anteil an unentbehrlichen Aminosäuren. Kichererbsen enthalten außerdem Saponine ▸ **siehe Seite 23** und haben einen hohen Gehalt an Mineralstoffen wie Kalium, Kalzium, Magnesium und Eisen, für starke Knochen und Muskeln. Reichlich Vitamin K fördert ebenfalls die Knochenbildung. Eine Extraportion Vitamin E sorgt für geschmeidige Gefäße, und dank der vielen B-Vitamine stärken Kichererbsen die Nerven. Auch Kichererbsenkeimlinge sind reich an all diesen wertvollen Inhaltsstoffen.

Kichererbsenmehl

Kichererbsenmehl entsteht aus gerösteten und fein gemahlenen Kichererbsen. Das nährstoffreiche Mehl wird in Indien, aber auch im Mittelmeerraum verwendet und eignet sich hervorragend für Pfannkuchen, Pizza- und Nudelteig sowie Bratlinge. Empfehlenswert ist es auch als Bindung für Suppen und Eintöpfe. Es hat einen nussigen Geschmack und ist glutenfrei.

INFO

REICH AN KALZIUM

Prima für Veganer: Der Kalziumgehalt von Kichererbsen liegt bei rund 125 Milligramm pro 100 Gramm und entspricht damit ungefähr dem von Kuhmilch.

Linsen

Der Linsenstrauch ist eine der ältesten Kulturpflanzen der Menschen. Seine Früchte sind neben Erbsen und Bohnen die wichtigsten Hülsenfrüchte weltweit. Traditionelle Linsengerichte gibt es in vielen Ländern und auch in der modernen Küche finden Linsen zunehmend Beachtung. Die Hülsen enthalten jeweils ein bis drei scheibenförmige Samen, die ebenso wie die Pflanze als Linsen bezeichnet werden. Linsen sind besonders vielfältig und werden in der Regel nach ihrer Größe unterschieden:

- Riesenlinsen haben einen Durchmesser von sieben Millimetern.
- Die häufig angebotenen Tellerlinsen liegen bei fünf bis sieben Millimetern.
- Kleine Linsen haben nur einen Durchmesser von vier bis fünf Millimetern.

Kleinere Linsen schmecken meist besser. Sie haben einen höheren Schalenanteil, und das typische Aroma der Linsen steckt in der Schale. Auch bei der Farbe gibt es Unterschiede: Das Spektrum reicht von Rot, Gelb, Grün und Braun bis Schwarz. Kühl und trocken gelagert sind Linsen sehr lang haltbar.

Kleine Kraftpakete

Alle Linsensorten sind kleine Powerpakete. Die fettarmen Samen enthalten hochwertiges Eiweiß ▸ siehe Tabelle vordere Innenklappe. Um die biologische Wertigkeit ihres Eiweißes zu erhöhen, sollten Linsen zusammen mit Getreide oder Getreideprodukten verzehrt werden ▸ siehe Seite 11. Dann ergänzen sich die jeweils enthaltenen Aminosäuren gegenseitig optimal.

Die in Linsen reichlich vorkommenden Ballaststoffe sorgen für einen stabilen Blutzuckerspiegel und verhindern so Heißhungerattacken. Außerdem senken sie den Cholesterinspiegel. Obendrein punkten Linsen mit vielen B-Vitaminen, die sich positiv auf das Gehirn und das Nervensystem auswirken können. Weiterhin enthalten die kleinen Hülsenfrüchte wichtige Mineralstoffe wie Magnesium, Eisen, Zink und Kupfer. Mit ihrem geringen Natriumgehalt eignen sie sich für eine kochsalzarme Ernährung bei Bluthochdruck. Gichtkranke sollten Linsen wegen des hohen Puringehalts hingegen weitgehend meiden.

TIPP

RICHTIG KOMBINIEREN

Um den Mineralstoff Eisen, der für die Bildung von roten Blutkörperchen wichtig ist, aus Linsen nutzen zu können, braucht Ihr Körper Vitamin C. Empfehlenswert ist es daher, Linsen mit Gemüse und Kräutern zu kombinieren, die viel Vitamin C enthalten. Dazu gehören beispielsweise Paprika, Grünkohl und Petersilie.

Je kleiner, desto mehr Aroma: Linsen unterscheiden sich in Geschmack, Größe und Farbe.

Bunte Vielfalt

Einige Linsensorten werden mit Schale angeboten, andere sind bereits geschält. Da die meisten Nährstoffe und der Großteil des Aromas in der Schale sitzen, ist es empfehlenswert, zu ungeschälten Linsen zu greifen. Geschält sind sie aufgrund ihres geringeren Ballaststoffanteils jedoch bekömmlicher.

BRAUNE TELLERLINSEN

Braune Tellerlinsen sind in der deutschen Küche die Klassiker. Bei der Ernte haben sie eine grüngelbe Farbe, durch Lagerung werden sie bräunlich. Tellerlinsen schmecken erdig. Beim Kochen werden sie sämig und weich. Sie eignen sich gut für Suppen, Eintöpfe, Aufstriche, Aufläufe und Bratlinge.

BERGLINSEN

Die kleineren Berglinsen haben eine braun- oder graugrüne Farbe und einen kräftigen Geschmack. Sie verlieren beim Kochen an Form und sind deshalb vor allem für Suppen, Aufstriche oder Bratlinge geeignet.

GRÜNE LINSEN

Die kleinen Linsen haben einen fein-nussigen Geschmack. Sie garen schnell, bleiben gut in Form und sind wegen ihrer zarten Schale sehr bekömmlich. Eine besonders edle Sorte der grünen Linsen sind Puy-Linsen aus der Auvergne in Frankreich.

CHÂTEAU-LINSEN

Die kleinen hellbraunen Linsen kommen ebenfalls aus Frankreich und wachsen in der Champagne. Beim Kochen behalten sie ihre Form und bleiben lang bissfest. Mit ihrem zarten Geschmack sind sie ideal für Salate.

BELUGALINSEN

Die kleinen schwarzen Linsen werden aufgrund ihres Aussehens auch Kaviarlinsen genannt. Sie haben einen feinen nussigen Geschmack und eine feste Konsistenz. Sie schmecken gut in Salaten und als Beilage.

GELBE UND ROTE LINSEN

Sie gehören in Indien und im Orient zu den wichtigsten Grundnahrungsmitteln. Beim Kauf sind sie bereits geschält, langes Einweichen und Kochen ist deshalb nicht nötig. Die kleinen Hülsenfrüchte zerfallen leicht und sind ideal für Aufstriche, Suppen, Pürees und Currygerichte.

Süßlupinen

Die wunderschön blühenden Lupinen sind eine Zierde für jeden Garten. Aber sie können mehr: Lupinen zählen zu den Hülsenfrüchten und wurden lange Zeit vorwiegend als Tierfutter genutzt. Die Samen waren für Menschen wenig bekömmlich, da sie bittere und schlecht verdauliche Inhaltsstoffe, Alkaloide, enthielten.Inzwischen ist es jedoch gelungen, alkaloidarme Sorten heranzuziehen, die als Süßlupinen bezeichnet werden und in der Küche Verwendung finden.

Zum Backen und als Fleischersatz

Im gut sortierten Naturkosthandel gibt es unter anderem Süßlupinenmehl, das sich zum Backen oder Kochen sowie für Aufstriche, Smoothies und Energieriegel eignet. Darüber hinaus gibt es Süßlupinenschrot, der eine eiweißreiche Bereicherung für Müsli, Gemüsegerichte, Brote, Bratlinge und Salate ist. Ein prima Fleischersatz sind pflanzliche Schnitzel, die aus Süßlupinen hergestellt werden.

Besonders hoher Eiweißgehalt

Die Samen der Lupinen liegen im Rennen um den Titel »grüner Superstar« weit vorn. In ihrer Zusammensetzung ähneln Lupinen Sojabohnen. Mit einem Gehalt von bis zu 40 Prozent sind sie besonders eiweißreich. Und sie enthalten alle unentbehrlichen Aminosäuren ▸ **siehe Seite 10**. Das macht das Lupinenprotein besonders hochwertig – grüne Eiweißpower pur!

Der Fettanteil der Lupinen liegt bei sieben Prozent. Sie sind damit deutlich fettärmer als Sojabohnen. Das cholesterinfreie Fett besteht zu einem Großteil aus ungesättigten Fettsäuren, die den Cholesterinspiegel senken und vor Herz-Kreislauf-Erkrankungen schützen können. Dank ihres Gehalts an Antioxidantien wie Vitamin E und Betacarotin schützen Lupinen die Zellen vor schädlichen Einflüssen. Eine Extraportion Zink stärkt das Immunsystem. Obendrein enthalten die Hülsenfrüchte weitere wertvolle Mineralstoffe wie Kalzium, Magnesium und Eisen. Süßlupinen sind zudem gut verträglich, da sie anders als andere Hülsenfrüchte kaum blähende Substanzen enthalten. Dank ihres hohen Ballaststoffanteils sind sie ein gesunder Sattmacher.

Hübsches Äußeres, wertvoller Inhalt: Süßlupinen erobern die gesunde Küche.

ENERGIESPENDER: GETREIDE & SPROSSEN

Morgens Müsli, mittags Nudeln und abends Brot: Produkte aus Getreide sind von unserem Speiseplan kaum wegzudenken. Ob gemahlen, geschrotet oder als ganzes Korn – seit Jahrtausenden ist Getreide eines unserer wichtigsten Nahrungsmittel und ein bedeutender Eiweißlieferant in unser täglichen Ernährung. Heute können wir aus einer Vielzahl an Getreidesorten wählen. Auch wenn sie unterschiedlich aussehen, gehören alle zur Pflanzenfamilie der Süßgräser. Verwendet werden die Samen, die in Ähren, Kolben oder Rispen reifen. Jedes Getreidekorn besteht aus Randschichten, die verdauungsfördernde Ballaststoffe liefern, dem stärkereichen Mehlkörper sowie dem Keimling, der hochwertiges Eiweiß und Fett sowie Vitamine und Mineralstoffe enthält. Schauen wir uns also die unterschiedlichen Getreidesorten näher an:

Weizen

Weizen zählt zu den ältesten Getreidearten der Welt und zeichnet sich unter anderem durch seine vielfältigen Verwendungsmöglichkeiten aus. Unterschieden wird zwischen Weich- und Hartweizen:

- Weichweizen ist das meistverwendete Brotgetreide auf der Welt. Es hat einen hohen Anteil an Klebereiweiß, das für seine hervorragenden Backeigenschaften verantwortlich ist. Weichweizen wird vorwiegend zu Grieß, Mehl und Vollkornerzeugnissen verarbeitet. So findet er in der Küche für Suppen, Salate, Aufläufe und Bratlinge Verwendung.
- Hartweizen hat noch mehr Kleber und eignet sich besonders für die Herstellung von Teigwaren. Er wird auch für Grießbrei, Grießpudding und Klöße verwendet.

Weizenmehl – die Typen

Wird Weizen zu Mehl vermahlen, unterscheiden sich die Mehle nicht nur in der Farbe, sondern auch hinsichtlich ihres Nährstoffgehalts. Für helle Mehle wird der reine stärkehaltige Mehlkörper vermahlen, für dunkle Mehle wird das ganze Korn mit Keim und Randschichten genutzt.

Die Mehltype gibt an, wie hoch der Mineralstoffanteil ist: Weizenmehl der Type 405 enthält in 100 Gramm Mehl 405 Milligramm Mineralstoffe, Mehl der Type 550 enthält bereits 550 Milligramm Mineralstoffe und Type 1050 entsprechend 1050 Milligramm. Den höchsten Anteil liefert Vollkorn-Weizenmehl, hier werden die kompletten Bestandteile des Korns fein vermahlen. Vollkornmehl hat keine Typenzahl und ist mit seinem hohen Eiweiß- und Nährstoffgehalt am wertvollsten für die Ernährung.

Das gesunde Powerkorn

Weizen steckt voller gesunder Inhaltsstoffe. Er punktet mit vielen B-Vitaminen, die besonders nervenstärkend sind. Obendrein enthält er wertvolle Mineralstoffe wie Magnesium, Eisen, Zink, Kupfer und Mangan. Besonders nährstoffreich ist der Keim im

INFO

BULGUR & COUSCOUS

Für Bulgur, der im Nahen Osten beliebt ist, werden Hartweizenkörner gekocht, geschält, wieder getrocknet und dann gemahlen. Für Couscous, der in der nordafrikanischen Küche eine wichtige Rolle spielt, wird Hartweizengrieß angefeuchtet und zu Kügelchen gerieben. Sowohl Bulgur als auch Couscous müssen nicht gekocht werden, sondern nur in heißem Wasser quellen. Beide werden traditionell mit Kräutern wie Petersilie und Minze zu Taboulé-Salat verarbeitet.

Inneren des Korns, der sich verarbeitet nur in Vollkornmehl und Vollkornschrot findet. Er ist mit einem Gehalt von circa 27 Gramm äußerst reich an hochwertigem Eiweiß. Eine Extraportion Vitamin E sorgt zudem für effektiven Gefäßschutz. Ungesättigte Fettsäuren senken den Cholesterinspiegel und können Entzündungen und Herz-Kreislauf-Erkrankungen vorbeugen.

Seitan

Seitan besteht aus Weizeneiweiß und hat eine fleischähnliche Konsistenz, was ihn bei Veganern und Vegetariern sehr beliebt macht. Als vegetarische Fleischalternative hat Seitan seinen Ursprung in Asien, wo er bis heute als pflanzliche Eiweißquelle einen Platz in der traditionellen Küche hat. Die Basis für Seitan ist Weizenmehl, aus dem Stärke und Kleie herausgewaschen werden, bis nur noch das Klebereiweiß (Gluten) übrigbleibt. Seitan gibt es in Bioläden am Stück zu kaufen. Sie können ihn wie ein Stück Fleisch braten oder grillen.

PERFEKT MIT LINSEN & BOHNEN

Seitan ist mit einem Gehalt von 28 Prozent eine hervorragende Eiweißquelle. Aufgrund des niedrigen Gehalts an der Aminosäure Lysin hat das Weizeneiweiß allerdings eine geringe biologische Wertigkeit. In Kombination mit lysinreichen Bohnen oder Linsen wird Seitan jedoch zu einem hochwertigen Eiweißlieferanten. Seitan ist zudem fettarm und praktisch cholesterinfrei.

TIPP

DAS GANZE KORN KOCHEN

Ganze Getreidekörner von Weizen, Dinkel oder Gerste sollten Sie vor dem Garen circa 12 Stunden einweichen. So verkürzt sich die Garzeit auf 30 bis 90 Minuten. Ansonsten brauchen die Körner die doppelte Garzeit. Grünkern und Nackthafer benötigen keine Einweichzeit.

Dinkel

Bei Dinkel handelt es sich um eine alte Kulturform des Weizens, die bis vor 100 Jahren in Europa noch weit verbreitet war, dann aber durch den ertragreicheren Weizen verdrängt wurde. Dank der Naturkostbewegung der vergangenen Jahre ist Dinkel wieder zu einem beliebten Lebensmittel geworden.
Das Getreide überzeugt vor allem durch seinen kräftigen, nussigen Geschmack und die guten Klebereigenschaften. Die ganzen Körner können als Beilage wie Reis gekocht werden. Dinkelmehl eignet sich gut für Hefegebäck, Brot oder Rührteige.
Auch Dinkelmehl wird in verschiedenen Typen angeboten: Type 630, das dem universellen Weizenmehl Type 405 entspricht, die

Typen 812 und 1050 sowie Vollkorn-Dinkelmehl. Weil Dinkel mehr Randschichten als Weizen besitzt, wird für Teige aus Dinkelmehl mehr Flüssigkeit benötigt. Auch als Flocken, Schrot oder Grieß bereichert Dinkel den Speiseplan.
Dinkeleiweiß hat einen anderen Aufbau als Weizeneiweiß und löst bei empfindlichen Menschen deshalb weniger allergische Reaktionen aus. Bei Zöliakie (Glutenunverträglichkeit) ist Dinkel jedoch nicht geeignet, da es Gluten enthält.

Grünkern wird unreif geerntet. Die Dinkelkörner sind dann noch besonders weich und saftig.

INFO

GRÜNKERN

In der deutschen Küche wird Dinkel vor allem in Form von Grünkern verarbeitet. Die noch unreif geernteten und weichen Dinkelkörner werden bei der Grünkernherstellung mehrere Stunden über Buchenholzfeuer leicht geräuchert. Die grün glänzenden Körner bekommen dadurch einen nussig-würzigen Geschmack. Grünkern ist sehr bekömmlich und wird als ganzes Korn, Graupen, Grieß, Mehl oder Flocken für herzhafte Aufläufe, Bratlinge und Klöße sowie für Pfannkuchen und Aufstriche verwendet. Das Korn ist besonders reich an Magnesium, Eisen, Zink und Mangan.

Im Team der Spitzenreiter

Dinkel zählt mit einem Eiweißgehalt von circa 16 Prozent zu den Spitzenreitern unter den Getreide-Eiweißlieferanten. Darüber hinaus punktet er mit einer günstigen Zusammensetzung der Aminosäuren. Der hohe Gehalt an Ballaststoffen und komplexen Kohlenhydraten sorgt für eine lang anhaltende Sättigung und eine gute Verdauung. Dinkel ist zudem reich an B-Vitaminen. Insbesondere die Vitamine B_1 und B_2, die wichtig für den Energiestoffwechsel sind und Herzerkrankungen vorbeugen, sind in Dinkel reichlich enthalten. Eine Extraportion Magnesium sorgt für starke Nerven und Muskeln, Zink stärkt die Abwehrkräfte.

URGETREIDE

Als Urgetreide werden alte Getreidearten wie Emmer, Einkorn und Kamut® bezeichnet, aus denen sich unsere heutigen Getreideformen entwickelt haben.

Urgetreide wurde bereits vor 10 000 Jahren angebaut und war ein wichtiges Grundnahrungsmittel, bis es durch den ertragreicheren Hart- und Weichweizen verdrängt wurde. Heute erleben die alten Arten dank ihrer hohen Nährstoffdichte jedoch eine Renaissance. Denn im Vergleich zum modernen ertragreich gezüchteten Weizen enthält Urgetreide deutlich mehr gesundheitsfördernde Inhaltsstoffe. Es überzeugt außerdem durch seinen feinen Geschmack, seine guten Backeigenschaften und vielfältige Verwendungsmöglichkeiten.

EINKORN

Die Halme des zarten, kleinen Einkorns sind dünn, die Ähren klein und flach. In den Ähren sitzt immer nur ein Korn, daher auch der Name. Das Urgetreide wird zu Mehl, Brot, Gebäck oder Nudeln verarbeitet. Es hat einen feinen nussigen Geschmack und besitzt mit circa 11 Prozent einen sehr hohen Gehalt an hochwertigem pflanzlichem Eiweiß. Einkorn überzeugt vor allem durch seinen hohen Anteil an Gelbpigmenten, die eine Vorstufe der Carotinoide sind. Sie gehören zu den sekundären Pflanzenstoffen und wirken immunstärkend. Die Pigmente verleihen dem Mehl eine gelbliche Färbung.

EMMER

Bei Emmer, auch Zweikorn genannt, sitzen sich zwei Körner in den Ähren gegenüber. Emmer hat einen fein-würzigen Geschmack und eignet sich für Gebäck, Nudeln und Risotto. Der Eiweißgehalt liegt bei 13 Prozent. Außerdem liefert Emmer Ballaststoffe und wichtige Mineralstoffe wie Eisen, Magnesium und Zink. Emmer ist ein prima Sattmacher und pflegt Muskeln und Nerven.

KAMUT®

Kamut® ist ein eingetragener Markenname für die wiederentdeckte Weizenart Khorasan-Weizen. Mit einem Gehalt von rund 15 Prozent ist er besonders reich an Eiweiß. Außerdem enthält er B-Vitamine und Vitamin E sowie Magnesium, Zink und Selen. Mit seiner goldgelben Farbe, die von einem hohen Anteil an Gelbpigmenten stammt, und dem butterähnlichen Geschmack eignet sich Kamut® wunderbar zum Backen.

Hafer

Hafer stammt ursprünglich aus Westasien und galt auf den Äckern Europas zunächst als Unkraut. Bereits 2000 v. Chr. wurde er jedoch in seiner heutigen Kulturform gezüchtet. Jahrhundertelang war er als Hafergrütze ein wichtiger Bestandteil der Ernährung. Heute hat sich Hafer seinen Platz in einer bewussten Lebensführung dank der Frühstücksgerichte Porridge und Overnight Oats (über Nacht eingeweichte Flocken) zurückerobert. Haferflocken, Hafergrieß und Hafermehl werden unter anderem für Müsli, Gebäck, Haferdrink und Hafercreme verwendet. Hafer enthält nur geringe Mengen des Klebereiweißes Gluten und ist daher für Menschen mit Zöliakie oft besser verträglich als andere Getreidesorten.

Proteinpower für die Nerven

Hafer zählt zu den wertvollsten Getreiden auf unserem Speiseplan. Der Eiweißgehalt liegt bei etwa 13 Prozent. Das Eiweiß hat im Vergleich zu dem anderer Getreidesorten eine höhere biologische Wertigkeit und liefert fast alle unentbehrlichen Aminosäuren ▸ **siehe Seite 10**. Der Fettgehalt des Hafers ist mit etwa 7 Prozent im Vergleich zu anderen Getreidesorten recht hoch. Allerdings ist die Zusammensetzung des Fettes besonders günstig, da Hafer rund 80 Prozent ungesättigte Fettsäuren enthält. Diese gesunden Fettsäuren haben eine cholesterinsenkende Wirkung und schützen vor Herz-Kreislauf-Erkrankungen.

Herausragend ist der außergewöhnlich hohe Vitamin-B_1-Gehalt im Hafer. Das sogenannte Nervenvitamin steuert Konzentrations- und Koordinationsvermögen und ist wichtig für die Energiegewinnung.

Nicht zuletzt liefert Hafer auch einen wesentlich höheren Anteil an Mineralstoffen als andere Getreidesorten, etwa den Muntermacher Eisen, den Knochenstärker Magnesium sowie Zink, das für ein starkes Immunsystem sorgt.

TIPP

GRÜNE EIWEISSPOWER MIT HAFERFLOCKEN

Kernige Haferflocken eignen sich gut für Müsli, feine Flocken schmecken vor allem in Aufläufen oder Gebäck und verfeinern als Instant-Flocken Suppen, Saucen und Eintöpfe. Kombinieren Sie Haferflocken mit Milch oder Milchprodukten, so ist das Eiweißangebot komplett und Ihr Körper wird mit allen wichtigen Eiweißbausteinen versorgt.

Gerstenmalz ist neben Wasser, Hopfen und Hefe ein wichtiger Grundbestandteil von Bier.

Gerste

Neben Einkorn ist Gerste das älteste Getreide der Welt. Heute wird ein Großteil der Gerste als Malz zum Brauen von Bier und Whisky eingesetzt. Die Gerste wird dafür in Wasser eingeweicht, bis sie keimt. Danach wird sie getrocknet und gemahlen. Dieser Vorgang ist das sogenannte Mälzen – aus der Gerste wird Gerstenmalz.
In unserer Küche spielt Gerste in Form von Graupen, Grütze, Mehl und Flocken eine Rolle und wird für Suppen, Breie sowie und im Müsli verwendet. Graupen, die geschälten, geschliffenen und polierten Körner der Gerste, sind besonders bekömmlich und werden traditionell als Einlage für Suppen und Eintöpfe geschätzt. Als ganzes Korn kann Gerste wie ein Risotto zubereitet werden. Geröstet wird Gerste als Malzkaffee zur koffeinfreien Kaffeealternative.

Kraftkorn für den gesunden Darm

Das volle Korn der Gerste ist ein Treibstoff der Extraklasse. Denn die Schale, die den Graupen fehlt, enthält einen Großteil der wertvollen Nährstoffe. Gerste ist äußerst ballaststoffreich. Diese unverdaulichen Nahrungsbestandteile sorgen für einen niedrigen Blutzuckerspiegel, unterstützen die Darmgesundheit und regulieren den Cholesterinspiegel. Außerdem haben Ballaststoffe die Fähigkeit, das Darmkrebsrisiko zu senken. Zudem trägt Gerste zur Versorgung mit B-Vitaminen bei, die stoffwechselaktivierend und nervenstärkend sind. Ferner versorgt das Korn uns mit reichlich Mineralstoffen wie Eisen, Zink und Mangan. Und nicht zuletzt liefert Gerste mit einem Anteil von circa 10 Prozent auch wichtiges grünes Protein.

TIPP

GERSTENGRAS

Besonders wertvoll ist Gerstengras aus gekeimten Gerstenkörnern. Die langen Gerstenhalme enthalten die gesundheitsfördernden Inhaltsstoffe der Gerste in konzentrierter Form. Gerstengras können Sie wie Kräuter verwenden oder es entsaften. Als Gerstengraspulver bereichert es Smoothies und Getränke.

Hirse

Hirse stammt ursprünglich aus Ost- und Mittelasien sowie aus Ostafrika. Sie gehört ebenfalls zu den ältesten Getreidearten und wurde auch in Europa angepflanzt, bis sie durch den Kartoffelanbau verdrängt wurde. Hirsekörner wachsen auf Rispen und Kolben. Sie können zu einem nahrhaften Hirsebrei verarbeitet werden, der lange Zeit eines der wichtigsten Grundnahrungsmittel war und heute noch in der Babynahrung eine Rolle spielt.

Kochen wie Reis

Hirse wird meist geschält als ganzes Korn angeboten, das wie Reis gekocht wird. Das goldene Korn hat einen leicht nussigen Geschmack. Es überzeugt nicht nur als süßer Hirsebrei, sondern in der herzhaften Variante auch als Risotto oder in Bratlingen und Aufläufen. Als Hirseflocken bereichern die Körner Müslis.

Glutenfrei & bekömmlich

Hirse ist glutenfrei und für Menschen mit Zöliakie eine hervorragende Alternative zu glutenhaltigen Getreidesorten. Sie ist zudem besonders nährstoffreich und dabei gut bekömmlich. Mit einem Anteil von circa 10 Prozent ist sie ein wertvoller Eiweißlieferant. Für eine optimale Versorgung mit Eiweiß kombinieren Sie Hirse am besten mit Milchprodukten oder Ei.

Das goldene Beauty-Getreide

Die kleinen Körner sind dank Kieselsäure ein echter Feuchtigkeitsbooster für Haut und Haare. Reichlich B-Vitamine fördern die Nervenfunktion und unterstützen den Aufbau von Zellen. Obendrein ist Hirse eine bedeutende Quelle für Mineralstoffe und Spurenelemente wie Magnesium, Kupfer und Silizium. Bemerkenswert ist der hohe Gehalt an blutbildendem Eisen. Mit knapp 7 Milligramm Eisen pro 100 Gramm zählt Hirse in diesem Bereich zu den Spitzenreitern unter den Getreidesorten und ist damit auch ein prima Muntermacher.

Goldgelbes Allroundtalent: Hirse punktet im Babybrei, als Risotto und als Schönheitselixier.

Reisanbau in Vietnam: In Asien wird Reis seit Jahrhunderten auf Terrassen angebaut. Ein ausgeklügeltes Rohrsystem versorgt die Pflanzen mit Wasser. Aussaat, Pflege und Ernte sind Handarbeit.

Reis

Reis ernährt weltweit mehr Menschen als jedes andere Getreide. Für mehr als die Hälfte der Weltbevölkerung ist er das Hauptnahrungsmittel. Seinen Ursprung hat das Getreide in China. Wie Hafer bildet Reis eine lange, breit gefächerte Rispe. Er gedeiht entweder als Sumpfreis im Wasser oder als unbewässerter Bergreis.

Weltweit gibt es über 1000 Reissorten. Unterschieden wird das Getreide nach der Korngröße und -form. So ergibt sich eine Unterteilung in drei Reisklassen:

- Langkornreis: Die Körner haben eine längliche Form und bleiben beim Kochen locker und körnig. Der Allroundreis eignet sich für Salate oder als Beilage. In die orientalische und asiatische Küche passen besonders gut die duftigen Langkornreissorten Basmati und Jasmin.
- Mittelkornreis: Die Körner sind etwas dicker, dafür weniger lang als beim Langkornreis. Sie werden häufig für Sushi und für Risotto verwendet.
- Rundkornreis: Die fast runden Körner bekommen beim Kochen eine cremige Konsistenz. Rundkornreis ist optimal für süße Aufläufe mit Früchten, Milchreis, Paella und Risotto geeignet.

Weißer Reis, Naturreis & Wildreis

Bei Naturreis (Vollkornreis) wird nach der Ernte nur der Spelz, die äußere holzige Hülle des Korns, entfernt. Das Reiskorn ist noch von der sogenannten Silberhaut und Aleuronschicht umgeben und enthält den hochwertigen Keimling. In ihm befinden sich Vitamine, Mineralstoffe, Spurenelemente und Ballaststoffe.

Weißer Reis hingegen wird geschliffen, das heißt Schale, Silberhaut und Keimling werden entfernt. Der Gehalt an wertvollen Inhaltsstoffen ist daher bei Naturreis wesentlich höher als bei weißem Reis.

Bei sogenanntem Wildreis handelt es sich nicht um echten Reis, sondern um den Samen einer Grasart. Wildreis ähnelt in Aussehen und Geschmack aber Reis und wird auch ähnlich verwendet.
Im Vergleich mit anderen Getreidesorten enthält Reis mit einem Anteil von 7 Prozent nur wenig Eiweiß. Das Eiweiß in Naturreis ist aber sehr hochwertig, da es alle unentbehrlichen Aminosäuren enthält.
Erwähnenswert ist auch der hohe Anteil an B-Vitaminen, die wichtig für den Energiestoffwechsel und nervenstärkend sind.
Außerdem liefert Naturreis wichtige Mineralstoffe wie Phosphor, Magnesium und Eisen. Naturreis ist zudem fettarm und enthält viele wertvolle Ballaststoffe, die lang sättigen, den Blutzuckerspiegel konstant halten und den Cholesterinspiegel senken.

INFO

MEHR VITALSTOFFE MIT PARBOILED REIS

Parboiled Reis enthält im Vergleich zu poliertem weißem Reis noch viele wertvolle Nährstoffe. Dieser Reis wird vor dem Schälen mit Druck und Dampf behandelt, sodass ein großer Teil der Vitamine und Mineralstoffe in das Innere des Korns wandert und erhalten bleibt.

Mais

Der ursprünglich aus Mexiko stammende Mais ist neben Weizen und Reis die wichtigste Getreideart weltweit und in vielen Ländern Nahrungsgrundlage der Menschen. Sein angenehm süßliches Aroma macht ihn auch bei Kindern beliebt. In der Küche lässt sich Mais vielseitig einsetzen: Der ganze Kolben schmeckt gut vom Grill. Einzelne Körner peppen Salate, Suppen, Chilis und Eintöpfe auf. Auch gemahlen lässt sich Mais abwechslungsreich zubereiten. In Mexiko schätzt man die aus Maismehl hergestellten Tortillas (dünne Teigfladen) oder die dreieckigen Tortilla-Chips, in Italien die aus Maisgrieß hergestellte Polenta. Als Cornflakes bereichert Mais das Frühstück, und Kinder lieben gepoppten Mais als Popcorn. Mais enthält kein Gluten.

Das Korn für gesunde Augen

Mais ist eine gute Eiweißquelle, besonders günstig ist die Kombination mit Bohnen, da die Hülsenfrüchte die lebensnotwendigen Aminosäuren Lysin und Tryptophan liefern, die dem Mais fehlen. Der hohe Ballaststoffanteil fördert die Verdauung, Carotinoide wirken als Radikalfänger und schützen die Sehkraft. Ferner ist Mais reich an den Mineralstoffen Magnesium, für ein reibungsloses Zusammenspiel von Nerven und Muskulatur, und Zink, für die Stärkung der Abwehrkräfte.

FRISCHE SPROSSEN AUS EIGENER ZUCHT

Sprossen punkten mit einem hohen Gehalt an Vitaminen, Mineralstoffen und Ballaststoffen und versorgen uns mit einer geballten Ladung grünem Protein.

Beim Keimen bleibt die Nährstoffdichte in Körnern, Samen und Hülsenfrüchten nicht nur erhalten, sondern nimmt sogar noch zu. Getreide und Hülsenfrüchte werden außerdem besser bekömmlich, weil komplexe Kohlenhydrate zum Teil aufgeschlossen werden. Getreidesprossen lassen sich am besten aus Weizen, Roggen und Dinkel sowie Nackthafer und Nacktgerste ziehen. Aber auch Hülsenfrüchte wie Mungbohnen, Pseudogetreide wie Quinoa oder Samen wie Sonnenblumenkerne sind gut geeignet.

Ein Teller voll Gesundheit: Frische Sprossen als Topping werten den Salat zusätzlich auf.

VIELSEITIG EINSETZBAR

Sprossen schmecken mild und leicht süßlich. Sie können sie roh verzehren, kurzes Blanchieren erhöht jedoch die Haltbarkeit und macht die Keimlinge bekömmlicher. Sprossen passen zu pikanten Aufstrichen ebenso wie ins Müsli oder in Smoothies. In Salaten und Pfannengerichten sind sie eine leichte Alternative zu gegarten Körnern. Mit frischen Sprossen haben Sie zudem eine schnelle, gesunde Einlage für Suppen und Eintöpfe, die sättigt und optisch aufpeppt.

GEKAUFT ODER SELBST GEZOGEN

Sprossen werden in Supermärkten mit gut sortierter Gemüseabteilung angeboten. Sie können sie aber auch ohne großen Aufwand selbst ziehen. Dafür gibt es in Biosupermärkten spezielle Keimgeräte zu kaufen. Ein normales Einmachglas, das Sie mit einem Baumwolltuch abdecken und mit einem Gummiband verschließen, erfüllt jedoch die gleiche Funktion.

SPROSSEN KEIMEN LEICHT GEMACHT

- Waschen Sie die Körner, Samen oder Hülsenfrüchte in einem Sieb unter fließendem Wasser gut ab und weichen Sie sie in einem Sprossenglas 8 bis 12 Stunden ein. (1)
- Spülen Sie die Sprossen im Glas oder dem Sieb mit frischem Wasser durch und gießen Sie das Wasser ab. (2)
- Stellen Sie das Glas zum Abtropfen schräg, damit überschüssiges Wasser abfließt. Wiederholen Sie das Durchspülen und Schrägstellen zwei- bis dreimal täglich. (3)
- Nach etwa 5 Tagen können Sie die Keimlinge ernten. Sonnenblumen-, Kichererbsen- und Linsensprossen sind bereits nach 2 bis 3 Tagen erntereif. (4)

KLEINE RIESEN: PSEUDOGETREIDE

Neben Getreide wie Weizen, Roggen und Hafer, die aus botanischer Sicht echte Getreidearten sind, gibt es weitere Samenkörner, die den Eindruck erwecken, es handle sich um Getreide: Amarant, Buchweizen und Quinoa, die sich seit mehreren Jahren großer Beliebtheit erfreuen, gehören jedoch nicht zu den Süßgräsern und werden daher als Pseudogetreide bezeichnet. In der Küche werden sie ähnlich verwendet wie das echte Getreide. Deutliche Unterschiede gibt es aber in der Nährstoffzusammensetzung sowie bei den Backeigenschaften. Die Samen des Pseudogetreides sind kleine Powerpakete, die mit wertvollen Inhaltsstoffen und einem hohen Gehalt an pflanzlichem Eiweiß überzeugen. Obendrein liefern sie viele Vitamine und Mineralstoffe sowie gesunde Fette. Schauen wir uns also die glutenfreien Pseudogetreide genauer an:

Amarant

Amarant zählt zu den ältesten Nutzpflanzen und ist in Zentral- und Südamerika beheimatet. Bei den Inkas, Azteken und Mayas galt Amarant sogar als heilige Pflanze. Als Grundnahrungsmittel sind die Samen in Zentral- und Südamerika immer noch von Bedeutung. Und auch bei uns hat Amarant sich einen festen Platz in der Küche erobert.

Verwandt mit Mangold

Amarant gehört zur Familie der Fuchsschwanzgewächse und ist mit Roten Beten, Zuckerrüben und Mangold verwandt. Weltweit sind mehr als 1200 Sorten bekannt. Dazu gehört der Dreifarben-Amarant, bei dem auch Blätter und Stängel essbar sind. Er wird wie Spinat oder Mangold zubereitet. Nur drei der Amarantsorten sind zur Körnernutzung geeignet. Eine einzige Pflanze liefert etwa 50 000 Samenkörner, die sehr klein und leicht sind. 1500 Körner wiegen etwa ein Gramm.

Amarantkörner werden circa 30 Minuten mit der dreifachen Menge Wasser gekocht und können süß oder herzhaft zubereitet werden. Gepuffter Amarant schmeckt nussig und eignet sich gut zur Verfeinerung von Müsli, Joghurt, Obst oder Energieriegeln. Gemahlen passt Amarant in Kuchen- und Brotteige. Da Pseudogetreide kein Klebereiweiß (Gluten) enthält, muss es mit echtem Getreide gemischt werden.

Nährstoffreiches Inkakorn

Das kleine Korn ist voller wertvoller Inhaltsstoffe und punktet mit einer herausragenden Nährwertzusammensetzung. Amarant enthält mit einem Anteil von circa 15 Prozent mehr Eiweiß als die klassischen Getreidesorten ▸ siehe Tabelle vordere Innenklappe. Darüber hinaus haben die Samen eine ideale Zusammensetzung der Aminosäuren. So hat Amarant unter anderem einen deutlich höheren Gehalt an der unentbehrlichen Aminosäure Lysin als echtes Getreide. Obendrein bestechen die Samen mit einem hohen Gehalt an Mineralstoffen. Der Eisen-, Magnesium- und Kalziumgehalt liegt ein Mehrfaches über dem von Weizen und Roggen. 100 Gramm Amarant decken den empfohlenen Tagesbedarf an Magnesium sowie rund

Die Amarant-Pflanze ist bei uns als Fuchsschwanz bekannt. Genutzt werden die Samen.

60 Prozent des Eisenbedarfs und enthalten doppelt so viel Kalzium wie Milch. Das in den Samen enthaltene Öl besteht zum Großteil aus gesunden ungesättigten Fettsäuren. Viele Ballaststoffe sorgen für gute Sättigung und tragen zur Darmgesundheit bei.

Buchweizen

Buchweizen, auch Heidekorn genannt, ist botanisch gesehen kein Getreide, sondern die Frucht eines Knöterichgewächses, das aus Zentralasien stammt. Die eckigen Körner sind ein zentraler Bestandteil der russischen und polnischen Küche, aber auch bei uns erfreuen sie sich dank ihrer wertvollen Inhaltsstoffe inzwischen großer Beliebtheit.

WICHTIG

VORSICHT BEI DER ZUBEREITUNG

Ungeschälte Buchweizenkörner sollten Sie vor dem Verzehr unter heißem Wasser abspülen. In ihren Randschichten steckt der rote Farbstoff Fagopyrin, der bei empfindlichen Menschen zu Hautirritationen führen kann. Beim Kochen genügt es, den rötlichen Schaum auf dem Kochwasser abzuschöpfen.

Buchweizen sollte möglichst dunkel und kühl gelagert werden.

Die Samen sind als ganzes Korn oder verarbeitet als Buchweizenmehl und -schrot erhältlich. Die Körner werden gekocht und ähnlich wie Reis süß oder herzhaft als Beilage, in Salat oder in Füllungen verwendet. Angeröstet bekommen Buchweizenkörner einen leicht nussigen Geschmack und passen ideal ins Müsli.

Backen mit Buchweizenmehl

Auch Buchweizenmehl ist vielseitig einsetzbar: In Russland verwendet man es für Blini (kleine Hefefladen), in der Bretagne für Galettes (herzhafte Pfannkuchen), in den USA für Pancakes (kleine dicke Pfannkuchen) und in Ostasien für Soba (Buchweizennudeln). Buchweizen ist glutenfrei und daher auch für Menschen mit Zöliakie geeignet. Beim Backen muss er wegen des fehlenden Klebereiweißes mit klassischem Getreide gemischt werden.

Powerkorn für eine starke Abwehr

Buchweizen ist ein Top-Eiweißlieferant. Die Samen enthalten hochwertiges Eiweiß, das reich an allen unentbehrlichen Aminosäuren ist. Der Eiweißgehalt liegt bei knapp 10 Prozent. Zudem ist Buchweizen fettarm und enthält einen hohen Anteil an komplexen Kohlenhydraten. Diese regulieren den Blutzuckerspiegel, senken den Cholesterinspiegel und sorgen für eine gute Darmgesundheit. Buchweizen ist reich an Mineralstoffen wie Magnesium, Kalium, Kalzium und Eisen. Diese Vitalstoffmischung hat eine positive Wirkung auf das Herz, die Muskeln und die Knochen. Für ein starkes Immunsystem sorgt Vitamin B_6. Obendrein enthalten die Körner Flavonoide, die zu den sekundären Pflanzenstoffen zählen und entzündungshemmend sowie krebsvorbeugend wirken können.

Quinoa

Quinoa ist das alte Korn der Inkas und wird deshalb auch als Inkakorn oder Perureis bezeichnet. Die kleinen Körner stammen aus den Hochländern Perus und Boliviens und zählen dort noch heute zu den wichtigsten Grundnahrungsmitteln. In den vergangenen Jahren hat das nussig schmeckende Korn dank seiner gesunden Inhaltsstoffe auch bei uns zunehmend Anhänger gefunden.

Bunt & vielseitig

Quinoa gehört wie Amarant zu den Fuchsschwanzgewächsen und ist mit Roten Beten, Zuckerrüben, Mangold und Spinat verwandt. In Südamerika schätzt man auch die jungen Sprossen, die als Salat oder Gemüse gegessen werden. Die nahrhaften Samen können weiß, rot oder schwarz sein und sind etwas größer als Amarantkörner. Alle Sorten sind sehr vielseitig in der Verwendung. Die Körner können gekocht, geschrotet und geröstet werden und eignen sich auch zum Keimen ▸ **siehe Seite 39**.

Quinoa gehört zu den sogenannten Superfoods und steckt voll gesunder Inhaltsstoffe.

Kochen, backen, keimen, puffen

Gekocht wird Quinoa wie Reis. Die Körner behalten dabei die Form und den feinen Biss. So eignet sich das Pseudogetreide hervorragend als Füllung für Gemüse sowie für Salate, Suppen oder Eintöpfe. Gekeimt sind Quinoasprossen eine gesunde Bereicherung für jeden Salat. Gepufft schmeckt Quinoa fein nussig und verfeinert Müsli, Joghurt, Obst oder Energieriegel. Quinoamehl kann zu Kuchen und Brot verbacken werden. Da es wie alle Pseudogetreide kein Klebereiweiß enthält, muss es mit echtem Getreide gemischt werden.

Wertvolles grünes Andenkorn

Die kleinen Körner aus den Anden überzeugen mit hochwertigem Eiweiß und einer ausgewogenen Zusammensetzung der Aminosäuren. Der Eiweißgehalt liegt bei circa 14 Prozent. Obendrein übertrumpft Quinoa klassisches Getreide mit einer Extraportion an wertvollen Mineralstoffen: Magnesium und Kalzium schützen Knochen, Muskeln und Nerven, und Zink stärkt das Immunsystem. Der hohe Eisengehalt in Quinoa unterstützt die Blutbildung. So decken bereits 100 Gramm Quinoa zwei Drittel des Tagesbedarfs an Eisen. Auch der hohe Fettgehalt der Samen ist positiv zu bewerten, da es sich um wertvolle einfach und mehrfach ungesättigte Fettsäuren handelt, die den Cholesterinspiegel senken und vor Herz-Kreislauf-Erkrankungen schützen.

WICHTIG

BITTERSTOFFE

Wie viele Pflanzen enthält Quinoa Saponine. Diese Bitterstoffe werden durch gründliches Waschen vor dem Verkauf zwar entfernt, aber es können geringe Reste zurückbleiben. Bei Kindern unter zwei Jahren können Saponine Unverträglichkeiten hervorrufen, deshalb sollten sie keine Quinoa bekommen. Für ältere Kinder und Erwachsene gibt es keine Einschränkung. Trotzdem ist es empfehlenswert, Quinoa vor dem Garen gründlich in einem Sieb mit fließendem heißem Wasser abzuwaschen.

Canihua

Canihua stammt wie Quinoa aus Südamerika und wird dort seit Jahrtausenden hoch geschätzt. Die Pflanze gehört zu den Fuchsschwanzgewächsen und ist eng mit Amarant verwandt. Bei uns lange Zeit weitgehend unbekannt, sind die kleinen aromatischen Canihuasamen inzwischen dabei, die moderne Küche zu erobern. Und das wohl nicht zuletzt, weil der Geschmack der braunen Samen an Schokolade erinnert.

Feiner Kakaoersatz

In der peruanischen Küche wird Canihua geröstet, zu Mehl gemahlen und als Brei verzehrt. Auch heiße und kalte Getränke werden mit Canihua zubereitet. Canihua dient als schmackhafter Kakaoersatz, verfeinert Gebäck und Brot und eignet sich hervorragend für Salate und Gemüsepfannen. Außerdem haben die Körner wertvolle Inhaltsstoffe zu bieten. Vor allem überzeugt Canihua mit einem Gehalt an hochwertigem Eiweiß von circa 15 Prozent. Der hohe Ballaststoffanteil sorgt für einen konstanten Blutzuckerspiegel. Zudem enthält das kleine Korn wertvolle Fettsäuren.

OFT GEFRAGT

WIE KANN ICH HÜLSENFRÜCHTE BESSER VERTRAGEN?

Bohnen, wie auch alle anderen Hülsenfrüchte, gelten als schwer verdaulich, da sie Blähungen verursachen können. Bei regelmäßigem Genuss gewöhnt sich der Köper jedoch an die blähenden Inhaltsstoffe und die Hülsenfrüchte können leichter verdaut werden. Am besten steigern Sie die tägliche Portion langsam, so helfen Sie Ihrem Körper, sich darauf einzustellen.

WAS KANN ICH VORBEUGEND GEGEN BLÄHUNGEN MACHEN?

Geben Sie verdauungsfördernde Gewürze wie Bohnenkraut, Kümmel, Kreuzkümmel, Fenchel oder Koriander ins Essen. Die pflanzlichen Wirkstoffe in den Kräutern zerteilen die Gasblasen im Darm, sodass keine Blähungen entstehen.

WIE KANN ICH MIT PFLANZLICHER KOST MEINEN EISENBEDARF DECKEN?

Hülsenfrüchte und Getreide sind reich an Eisen. Da das pflanzliche Eisen vom Körper schlechter verwertet werden kann als solches aus tierischen Quellen, sollten Sie es mit Vitamin-C-reichem Gemüse, Kräutern und Obst kombinieren. Ideal sind Paprika, Petersilie und Beeren. Vitamin C steigert die Aufnahme von Eisen.

VERSORGEN PFLANZLICHE LEBENSMITTEL MICH AUCH MIT VITAMIN B_{12}?

Vitamin B_{12} ist hauptsächlich in tierischen Lebensmitteln enthalten. Vegetarier, die auch Milch, Milchprodukte, Käse und Eier verzehren, sind ausreichend versorgt. Veganer können ihren Bedarf nur durch Nahrungsergänzungsmittel decken.

BIN ICH ALS SPORTLER MIT GRÜNEN PROTEINEN AUSREICHEND VERSORGT?

Ausdauer- und Kraftsportler benötigen mehr Eiweiß als Freizeitsportler ▸ **siehe Seite 12**. Doch auch ihr Bedarf lässt sich mit grünen Proteinen decken. Für den besonderen grünen Eiweißkick mixen Sie einfach Hanfprotein oder Süßlupinenprotein in ihren Smoothie oder Shake ▸ **siehe Seite 118**.

HÜLSENFRÜCHTE MIT SALZ KOCHEN – JA ODER NEIN?

Der Irrglaube, dass Hülsenfrüchte nicht mit Salz gekocht werdern dürfen, weil sich sonst die Kochzeit verlängert, ist weit verbreitet. Das Gegenteil ist jedoch der Fall: Salzwasser verkürzt die Kochzeit. Denn Natrium und Chlorid, die Bestandteile von Salz, machen die feste Schale der Hülsenfrüchte für das Kochwasser durchlässiger. Weitere Tipps zum Kochen von Hülsenfrüchten finden Sie auf der hinteren Innenklappe.

KNABBERLUST: NÜSSE & SAMEN

Nüsse und Samen schmecken nicht nur lecker, sie sind auch überaus gesund, stets griffbereit und vielseitig einsetzbar. Die kleinen Kraftpakete, die für ihre vielen wertvollen Inhaltsstoffe geschätzt werden, sind zwar recht fett- und kalorienreich, enthalten aber die gesunden einfach und mehrfach ungesättigten Fettsäuren. Besonders wertvoll sind Omega-3-Fettsäuren, die den Cholesterinspiegel senken. Obendrein sind Nüsse und Samen ein Füllhorn an wichtigen Vitaminen, Mineralstoffen und Spurenelementen sowie Ballaststoffen. So punkten sie beispielsweise mit reichlich Vitamin B als Nervennahrung. Nicht zuletzt überzeugen sie als hochwertige grüne Eiweißquelle, mit der Sie nahezu jedes Gericht ganz unkompliziert aufpeppen können. Viele Nüsse und Samen zählen zu den sogenannten Superfoods. Schauen wir uns also einige Sorten genauer an:

Chia-Samen

Die winzigen Samen aus Mittelamerika bieten eine geballte Ladung wertvoller Inhaltsstoffe und haben in kürzester Zeit die vegetarische und vegane Küche erobert.
Ihr hoher Eiweißgehalt von circa 17 Prozent macht Chia-Samen zu einer wahren Proteinbombe. Die kleinen Samen punkten auch mit ihrem hohen Gehalt an Omega-3- und Omega-6-Fettsäuren. Diese gesunden Fettsäuren pflegen Herz, Gefäße und Gelenke. Darüber hinaus sind sie wichtig für die Entwicklung des Gehirns und der Nervenzellen und daher besonders wertvoll für die geistige Leistungsfähigkeit. Und nicht zuletzt senken sie auch den Cholesterinspiegel. Zudem liefern Chia-Samen einen hohen Anteil an Vitamin E. Das Vitamin schützt vor freien Radikalen, stärkt das Immunsystem und wirkt entzündungshemmend. Mit reichlich Ballaststoffen bringen Chia-Samen außerdem die Verdauung in Schwung.

WICHTIG

HÖCHSTMENGE
Die Europäische Behörde für Lebensmittelsicherheit (EFSA) hat Chia-Samen 2013 als neuartiges Lebensmittel, also als sogenanntes Novel Food, genehmigt und die empfohlene Höchstmenge auf 15 Gramm pro Tag festgelegt. Diese Menge entspricht etwa einem gehäuften Esslöffel.

Chia-Samen, Wasser, Zitronensaft und Honig: Eine Chia Fresca spendet Energie und erfrischt.

Quellen lassen

Mit Wasser übergossen quellen Chia-Samen stark auf und bilden ein Gel. Das macht sie auch zu einem guten Magenfüller. Die Samen sorgen für eine lang anhaltende Sättigung und beugen so Hungerattacken vor. Chia-Samen gibt es weiß oder schwarz, im Nährwert unterscheiden sich die beiden Varianten nicht. Beide schmecken neutral und sind äußerst vielseitig. Sie passen beispielsweise ins Müsli, den Salat, einen Smoothie oder auch in Gebäck und Brot. Aufgequollen sind sie ein guter Ei-Ersatz, zum Beispiel in Bratlingen und beim Backen.

Hanfsamen

Die aromatischen Samen der Hanfpflanze liefern Eiweißkraft pur: Der Eiweißanteil liegt bei rund 30 Prozent. Das Hanfprotein enthält alle unentbehrlichen Aminosäuren und ist zudem besonders bekömmlich. Hanfsamen glänzen darüber hinaus mit einer geballten Ladung an Antioxidantien, die Entzündungen hemmen, den Blutfluss fördern und das Risiko für Herz-Kreislauf-Erkrankungen senken. Eine Extraportion Vitamin E schützt die Zellen vor freien Radikalen und ist gut für die Gefäße.

Besonders erwähnenswert ist das optimale Verhältnis von Omega-3- und Omega-6-Fettsäuren, das sich positiv auf die Entwicklung des Gehirns auswirkt und hilft, Herz-Kreislauf-Erkrankungen sowie chronischen Entzündungen vorzubeugen. Nicht zuletzt überzeugen die Samen der Hanfpflanze mit reichlich B-Vitaminen, die die Nerven stärken, Haut und Haare pflegen und das Immunsysten unterstützen.

Feines Aroma für Müsli & Co.

Hanfsamen können Sie geschält, ungeschält, roh oder geröstet verwenden. So verleihen sie Müslis, Salaten und Gemüsegerichten ein feines Aroma. Für einen besonders intensiven Geschmack kombinieren Sie die nussigen Samen mit aromatischem Hanföl.

INFO

WEITERE HANFPRODUKTE

Aus Hanfsamen werden auch Hanföl, Hanfproteinpulver und Hanfmehl gewonnen. Doch keine Sorge: Diese Produkte haben keine berauschende Wirkung, da sie aus Nutzhanfsorten stammen, die kein stimulierendes Tetrahydrocannabinol (THC) enthalten.

- **Hanföl** hat von allen Ölen den höchsten Anteil an essenziellen Fettsäuren. Wählen Sie kalt gepresstes Öl, um von allen Inhaltsstoffen zu profitieren. Das Öl hat einen nussig-intensiven Geschmack und sollte nur kalt verzehrt werden. Es passt gut in Smoothies, Joghurt, Salate und zu Gemüse.
- **Hanfproteinpulver** ist mit einem Gehalt von circa 49 Prozent eine wahre Proteinbombe. Rühren Sie das Pulver in Smoothies, Shakes oder Getränke.
- **Hanfmehl** enthält mit einem Anteil von 30 Prozent weniger Eiweiß als das Proteinpulver, dafür ein Mehr an Ballaststoffen. Sie können damit backen oder Müslis, Suppen und Saucen verfeinern.

Leinsamen

Unter den Samen gehören Leinsamen zu den Winzlingen. Sie schaffen es gerade einmal auf eine Länge von vier bis sechs Millimeter. In Sachen Gesundheit gehören die nussigen Samen jedoch zu den ganz Großen: Mit einem Eiweißgehalt von circa 24 Prozent rangieren sie in der Spitzengruppe der grünen Proteinlieferanten. Mit einem Anteil von circa 30 Prozent sind Leinsamen besonders fettreich, haben aber einen hohen Gehalt an wertvollen ungesättigten Fettsäuren. Sie sind eine der besten pflanzlichen Quellen für Omega-3-Fettsäuren, die den Cholesterinspiegel senken und die Gefäße schützen. Leinsamen tragen auch entscheidend zur Darmgesundheit bei. Ihre Ballaststoffe regen die Verdauung an, sorgen für einen konstanten Blutzuckerspiegel und beugen Heißhungerattacken vor. Ferner sind Leinsamen reich an B-Vitaminen, Vitamin E und Folsäure. Für die Knochengesundheit von Bedeutung sind die enthaltenen Lignane, sekundäre Pflanzenstoffe, die antioxidativ wirken und Entzündungen hemmen.

Regional und preiswert: Leinsamen sind ein bewährtes Hausmittel bei Verdauungsproblemen.

INFO

MEHR POWER DURCH SCHROTEN

Geschrotet wirken Leinsamen noch intensiver, da die Nährstoffe besser für den Körper verfügbar sind. Weil das beim Schroten freigesetzte Öl schnell ranzig wird, sind geschrotete Samen aber nicht lang haltbar. Am besten lagern Sie sie im Kühlschrank. Und vergessen Sie nicht, viel zu trinken, denn geschroteter Leinsamen hat eine enorme Quellfähigkeit.

Mal herzhaft, mal süß

Die mild-nussigen Leinsamen eignen sich hervorragend für süßes oder herzhaftes Gebäck und verfeinern Müslis, Joghurt und Gemüsegerichte. Leinsamen sind übrigens auch eine gute heimische Alternative zu den weit gereisten Chia-Samen.

Aus der Blüte des Mohns entwickeln sich Kapseln, in denen sich die Mohnsamen befinden.

Sesam

Die nussigen Samen bersten nahezu vor gesunden Inhaltsstoffen. Sesam ist eine hervorragende Eiweißquelle mit hochwertigen Aminosäuren, die das Baumaterial für wichtige Nervenbotenstoffe liefern und so das Gedächtnis und die Konzentrationsfähigkeit unterstützen. Außerdem ist Sesam ein Top-Mineralstofflieferant: Der besonders hohe Gehalt an Kalzium, Magnesium, Eisen und Zink schützt Knochen, Muskeln und Herz und stärkt die Immunabwehr. Das in den Samen enthaltene Fett besteht vorwiegend aus ungesättigten Fettsäuren, die Balsam für Herz und Gefäße sind. Sesamsamen sind zudem reich an Phytosterinen, sekundären Pflanzenstoffen, die eine cholesterinsenkende Wirkung haben.

Exotischer Touch

Sesam wird in der asiatischen und orientalischen Küche geschätzt und verleiht Gerichten ein exotisches Aroma. Die Samen passen gut zu süßen und herzhaften Speisen. Probieren Sie auch einmal Tahin, eine Paste aus gemahlenem Sesam. Sie hat ihren Ursprung im orientalischen Raum und eignet sich hervorragend für Dressings, Dips und Saucen sowie als Brotaufstrich.

Mohnsamen

Mohn zählt zu den kalziumreichsten Lebensmitteln. Die winzigen Samen liefern 12-mal so viel Kalzium wie Milch und beugen damit dem Knochenabbau vor. Zudem punkten die schwarzen Samen mit weiteren wertvollen Mineralstoffen wie Eisen, Kalium, Magnesium und Zink, die sich ebenfalls positiv auf Knochen und Muskeln auswirken. Mit einem Anteil von circa 20 Prozent enthält Mohn hochwertiges Eiweiß, das reich an lebensnotwendigen Aminosäuren ist. Und nicht zuletzt überzeugt das kleine Nährstoffpaket mit gesunden Fettsäuren, die die Gefäße pflegen und Entzündungen vorbeugen können.

Klassiker der Backstube

Mit seinem intensiven Geschmack ist Mohn vor allem eine beliebte Backzutat. Probieren Sie Mohnsamen aber auch einmal im Müsli, Joghurt, in Quarkspeisen sowie Desserts.

Sonnenblumenkerne

Die Samen der Sonnenblume sind ein Top-Eiweißlieferant. Die vielseitigen Kerne überzeugen aber auch mit wichtigen B-Vitaminen und sind somit eine gute Nervennahrung. Ein weiteres Plus: ihr hoher Gehalt an gesunden Fettsäuren, die für geschmeidige Gefäße sorgen und den Cholesterinspiegel senken. Besonders erwähnenswert ist auch der hohe Gehalt an Magnesium: Das sogenannte Muskelmineral ist wichtig für die Funktion von Nerven und Muskeln und stärkt das Herz-Kreislauf-System.

Rösten für mehr Aroma

Mit ihrem feinen nussigen Geschmack bereichern Sonnenblumenkerne Gebäck, Kuchen und Brot sowie Aufstriche, Salate, Suppen, Eintöpfe und Aufläufe. Um das Aroma zu verstärken, können Sie die Kerne in einer beschichteten Pfanne ohne Fett rösten.

Kürbiskerne

Die grünen Kerne gelten mit ihrer geballten Ladung an Vitaminen aus der B-Gruppe zu Recht als echte Nervennahrung. Enthalten ist unter anderen das sogenannte Nervenvitamin B_1, das Konzentration und Gedächtnis stärkt. Zudem enthalten Kürbiskerne viele ungesättigte Fettsäuren, die Herz und Gefäße pflegen und ebenfalls die Gehirnleistung unterstützen. Die nussigen Kerne punkten auch mit sekundären Pflanzenstoffen. Phytosterine, sogenannte Pflanzenhormone, können sich günstig auf Harn- und Prostataleiden auswirken und den Cholesterinspiegel senken. Hinzu kommt ein hoher Anteil an Vitamin E, das mit seiner antioxidativen Wirkung freie Radikale in Schach hält, die Zellen schützt und das gesamte Immunsystem stärkt.

Knabberei und Topping

Kürbiskerne schmecken pur oder geröstet und sind eine leckere Knabberei für zwischendurch. In der Küche verfeinern die aromatischen Kerne Müslis, Backwaren und Brote. Außerdem sind sie ein leckeres, knackiges Topping für Salate, Suppen, Aufläufe sowie Gemüsegerichte.

Pinienkerne

Pinienkerne sind die Samenkerne der Zapfen von Pinienbäumen und von einer sehr harten Schale umschlossen. Sie werden von Hand geerntet. Wegen dieser aufwendigen Erntemethode zählen Pinienkerne zu den teuersten Nüssen.
Die länglichen weißen Kerne punkten neben reichlich Eiweiß mit einem hohen Anteil an Vitamin A, das die Sehkraft unterstützt. Mit ihrem hohen Gehalt an B-Vitaminen unterstützen sie die Konzentrations- und Merkfähigkeit. Mineralstoffe wie Kalzium, Phosphor und Eisen stärken die Knochen.

Grundzutaten des Pesto Genovese sind Pinienkerne, Basilikum, Knoblauch, Parmesan und Öl.

Klassische Zutat für Pesto

Ihr besonders feines Aroma macht Pinienkerne zu einer Delikatesse. Sie sind in der mediterranen Küche sehr beliebt und ein klassischer Bestandteil von Pestos. Salaten, Reis- und Gemüsegerichten geben sie zusätzlichen Pfiff und auch als Knabberei schmecken sie hervorragend.

Cashewkerne

Die nierenförmigen Cashewkerne sind die Samen der Cashewäpfel. Die gelben oder roten Früchte wachsen auf bis zu zwölf Meter hohen Bäumen. Cashews haben einen feinen milden Geschmack. Die relativ fettarmen Kerne punkten mit ihrem hohen Eiweißanteil. Ihr üppiger Biotingehalt wirkt wie ein Jungbrunnen: Das B-Vitamin beugt frühzeitiger Hautalterung vor und stärkt Haare und Nägel. Cashewkerne überzeugen zudem mit viel Magnesium. Das Mineral sorgt für starke Nerven und Muskeln.

Curry mit Biss

Cashewkerne gibt es naturbelassen, geröstet oder gesalzen. In der asiatischen Küche bereichern sie Reis- und Gemüsegerichte und sind eine beliebte Zutat für Currys.

TIPP

EIWEISSPOWER PUR

Besonders in der veganen Küche haben Cashews einen festen Platz. Aus eingeweichten, gemahlenen Cashewkernen lässt sich eine nährstoffreiche Creme herstellen, die süß oder herzhaft gewürzt, Joghurt, Quark und Käse ersetzen kann: Für die Creme Cashewkerne in reichlich Wasser einweichen, dann abgießen und mit frischem Wasser oder Sojaghurt pürieren, bis die gewünschte Konsistenz erreicht ist. Je nach Geschmack mit Zwiebeln, Knoblauch, Kräutern oder Gewürzen verfeinern.

Erdnüsse

Erdnüsse sind botanisch gesehen keine Nüsse, sondern Verwandte von Bohnen und Erbsen. Sie sind die Früchte einer in Süd- und Mittelamerika heimischen Hülsenfrucht. Die Blütenstiele der Pflanze neigen sich nach dem Abblühen nach unten und drücken die junge Frucht, die Erdnuss, in die Erde. Diese reift zu einer Hülse, die in der Regel zwei Samen enthält.

Mit einem Gehalt von circa 25 Prozent sind Erdnusskerne besonders eiweißreich. Das Öl der Kerne enthält viele ungesättigte Fettsäuren, die den Cholesterinspiegel senken. Außerdem punkten Erdnüsse mit vielen B-Vitaminen und sind damit eine wunderbare Nervennahrung. Zudem enthalten sie reichlich Vitamin E sowie einen gesunden Mineralstoffmix aus Eisen, Kalzium, Kalium und Magnesium, der sich positiv auf Gehirn, Nerven, Knochen und Muskeln auswirkt.

Mehr als Flips

Bekannt sind Erdnüsse bei uns vor allem als Flips sowie geröstet, gesalzen oder direkt aus der Schale zum Knabbern. Sie können aber viel mehr: In der internationalen Küche bereichern die mild schmeckenden Erdnüsse auch Suppen, Salate, Currys und Eintöpfe. Zu den asiatischen Fleischspießchen Saté schmeckt Erdnusssauce, als Brotaufstrich kommt bei vielen Kindern und Erwachsenen Erdnussmus gut an.

Haselnüsse

Haselnusskerne sind kleine Kraftpakete, gefüllt mit wertvollen Inhaltsstoffen: allen voran hochwertiges Eiweiß, das lange sättigt. Der Eiweißanteil ist mit rund 12 Prozent aber nur etwa halb so hoch wie bei Erdnüssen. Außerdem gehören Haselnüsse zu den Toplieferanten von Vitamin E. Mit einer Handvoll decken Sie bereits zwei Drittel des Tagesbedarfs an Vitamine E, das für geschmeidige Gefäße sorgt und die Zellen vor freien Radikalen schützt.

Mit einem Anteil von etwa 60 Prozent enthalten die Nüsse zwar reichlich Fett, aber sie überzeugen mit einem hohen Gehalt an gesunden Fettsäuren wie Omega-3-Fettsäuren, die vor Herz-Kreislauf-Erkrankungen schützen. Haselnüsse sind ferner eine gute Quelle für B-Vitamine, die den Stoffwechsel aktivieren. Insbesondere die Vitamine B_1 und B_2 sind notwendig für den Energiestoffwechsel und wichtig zur Vorbeugung von Herzerkrankungen. Der hohe Anteil an Vitamin B_6 stärkt zudem die Nerven und das gesamte Immunsystem.

Für Kuchen und Plätzchen

In der Küche sind Haselnüsse vielseitig einsetzbar: Besonders beliebt sind sie gemahlen oder im Ganzen als Backzutat. Mit ihrem aromatischen Geschmack verfeinern die Nüsse aber auch Nudel-, Reis- und Gemüsegerichte sowie Desserts.

Wie eine Perle in der Muschel: Botanisch sind Mandeln keine Nüsse, sondern Steinfrüchte.

Mandeln

Mandeln stecken voller gesunder Inhaltsstoffe. Mit rund 20 Prozent Eiweißanteil sind sie in der vegetarischen und veganen Küche besonders beliebt. Darüber hinaus versorgen uns Mandeln mit einfach und mehrfach ungesättigten Fettsäuren, darunter die gesunden Omega-3-Fettsäuren, die vor Herz-Kreislauf-Erkrankungen schützen. Die flachen länglichen Mandeln sind eine gute Quelle für Vitamin E: Eine Handvoll deckt den Tagesbedarf bereits zu zwei Dritteln. Vitamin E sorgt für einen effektiven Gefäßschutz und bekämpft freie Radikale. Zudem überzeugen Mandeln mit einer gesunden Mineralstoffmischung aus Eisen, Zink, Magnesium, Kalium und Kalzium. Diese Mineralien sorgen für ein reibungsloses Zusammenspiel von Muskeln und Nerven und stärken das Herz-Kreislauf-System. In der braunen Haut, die die Mandeln umgibt, stecken reichlich Ballaststoffe. Sie lösen ein anhaltendes Sättigungsgefühl aus und unterstützen die Verdauung. Ebenfalls in der Haut enthalten sind sekundäre Pflanzenstoffe, wie Betacarotin und Flavonoide. Sie wirken antioxidativ, hemmen Entzündungen und senken das Risiko für Herz-Kreislauf-Erkrankungen und bestimmte Krebsarten.

Snacken und backen

Ob gehackt, gemahlen oder gehobelt, Mandeln sind besonders in der Backstube heiß begehrt. Für den vollen Gesundheitsnutzen sollten Sie sie am besten mit Haut verwenden. Mandeln schmecken auch pur als kleiner Snack. Ihr mildes, angenehm süßes Aroma macht sie zu einem prima Begleiter für Salate, Pestos und Gemüsegerichte.

Walnüsse

Kugelrund und gesund – Walnüsse bestehen bis zu 60 Prozent aus Fett. Das Besondere gegenüber anderen Nussorten ist jedoch das ausgewogene Verhältnis von Omega-6- und Omega-3-Fettsäuren, das sich positiv auf

Herz und Gefäße auswirkt. Es ist wichtig für die Entwicklung des Gehirns und der Nervenzellen und schützt vor Herz-Kreislauf-Erkrankungen. Walnüsse überzeugen zudem mit rund 15 Prozent Eiweißanteil. Sie sind eine wertvolle grüne Proteinquelle. Außerdem liefern sie reichlich Vitamin E, das mit seiner antioxidativen Wirkung vor freien Radikalen schützt, die Zellen gesund und jung hält und das gesamte Immunsystem stärkt. Eine Extraportion B-Vitamine ist Balsam für die Nerven.

Frisch knacken

Das feinherbe Aroma der Walnüsse verfeinert süße und herzhafte Gerichte. Probieren Sie Walnüsse auch einmal in einem würzigen Kräuterpesto. Geschälte Walnüsse werden schnell ranzig, am besten ganze Nüssen kaufen und bei Bedarf selbst knacken.

Pistazien

Die intensive Färbung der Pistazien zeigt es: Die Kerne haben einen hohen Gehalt an sekundären Pflanzenstoffen, wie Polyphenolen und Betacarotin. Diese Pflanzenfarbstoffe wirken antioxidativ, das heißt, sie schützen die Zellen vor freien Radikalen. Darüber hinaus hemmen sie Entzündungen, verbessern den Blutfluss und senken das Risiko für Herz-Kreislauf-Erkrankungen und einige Krebsarten. Zudem sind Pistazien eine hervorragende Quelle für Mineralstoffe wie Kalium, Magnesium, Kalzium, Zink und Eisen. Der gesunde Mineralstoffmix wirkt sich positiv auf die Gehirnleistung, das Nervensystem sowie auf Knochen und Muskeln aus. Auch zur Versorgung mit Folsäure tragen Pistazien bei. Das Vitamin spielt eine Rolle bei der Teilung und Neubildung von Zellen und unterstützt die Blutbildung. Eine Extraportion Biotin wirkt wie ein Jungbrunnen: Das B-Vitamin beugt frühzeitiger Hautalterung vor und stärkt Haare und Nägel.

Auch optisch ein Genuss

Die grünen Kerne haben einen milden nussigen Geschmack und harmonieren wunderbar mit Süßspeisen wie Eis, Desserts, Gebäck oder Kuchen. In der herzhaften Küche schmecken sie in Suppen, Salaten und Gemüsegerichten, die sie auch optisch aufwerten. Für hochwertige Eiweißpower auf die Schnelle können Sie Pistazienkerne auch einfach pur knabbern.

Grün, knackig, vielseitig: Pistazien schmecken zum Cocktail und zieren Pralinen sowie Gebäck.

DIE GRÜNE-PROTEINE-KÜCHE

GRÜNES EIWEISS IST EIN STAR DER PFLANZLICHEN KÜCHE. ES IST ÄUSSERST GESUND, VIELSEITIG UND NICHT NUR BEI VEGETARIERN UND VEGANERN BELIEBT. LASSEN SIE SICH INSPIRIEREN.

GRÜNER START – FRÜHSTÜCK & AUFSTRICHE

Beginnen Sie den Tag mit einem proteinhaltigen Frühstück. Das sorgt für eine lange Sättigung und macht Sie fit und leistungsfähig für viele Stunden. Wenn Sie zu den Menschen zählen, die morgens gerne etwas Süßes frühstücken, kombinieren Sie Müsli, Porridge, Pancakes & Co. mit frischen saisonalen Früchten. Denn vollreifes Obst liefert Ihnen eine Extraportion an wertvollen Vitalstoffen. Wenn Sie es herzhafter mögen, wählen Sie einen der grünen Aufstriche. Verfeinert mit Nüssen und Samen liefern sie zusätzlich wertvolle Omega-3-Fettsäuren. Genießen Sie die würzigen Aufstriche am besten mit dem selbst gemachten Eiweiß-Körner-Brot von Seite 68. Viele der Frühstücksrezepte können Sie bereits am Vorabend zubereiten. So sparen Sie morgens Zeit und können Ihr Frühstück schnell und unkompliziert genießen.

Reich an B-Vitaminen

SÜSSKARTOFFEL-HUMMUS MIT GERÖSTETEM SESAM

1 Süßkartoffel (ca. 230 g) | 30 g Sesam | 1 Knoblauchzehe | 1 Limette | 200 g gegarte Kichererbsen (aus der Dose) | 1 EL Tahin (Sesampaste) | 5 EL Olivenöl | 1 TL Paprikapulver | Salz | Pfeffer

Für 4 Personen | 30 Min. Zubereitung
Pro Portion ca. 275 kcal, 5 g E, 20 g F, 17 g KH

1 Backofen auf 200° vorheizen. Backblech mit Backpapier auslegen. Süßkartoffel schälen, in Spalten schneiden und auf dem Backpapier verteilen. Auf der mittleren Schiene ca. 20 Min. backen, bis sie weich ist.

2 Inzwischen Sesam in einer beschichteten Pfanne ohne Fett rösten und dann beiseitestellen. Knoblauchzehe schälen und fein hacken. Limette halbieren und auspressen.

3 Kichererbsen mit Süßkartoffelspalten, Knoblauch, Tahin, 60 ml Wasser und 3 EL Olivenöl cremig pürieren. Nach Bedarf noch etwas mehr Wasser zufügen. Mit Limettensaft, Paprika, Salz und Pfeffer abschmecken. Die Hälfte des Sesams unterrühren.

4 Hummus in eine Schüssel füllen, mit dem restlichen Olivenöl beträufeln und mit dem restlichen Sesam bestreuen.

Hülsenfrüchte im Doppelpack

ERBSEN-RICOTTA-AUFSTRICH MIT SOJABOHNEN

100 g Sojabohnen | Salz | 2 EL Olivenöl | 1 TL Ras el Hanout | 300 g TK-Erbsen | 250 g Ricotta | ½ Bio-Zitrone | 2 EL Hanföl | Pfeffer

Für 4 Personen | 25 Min. Zubereitung | 12 Std. Einweichen | 2 Std. Garen
Pro Portion ca. 320 kcal, 18 g E, 24 g F, 9 g KH

1 Sojabohnen ca. 12. Std. in reichlich kaltem Wasser einweichen. Abgießen und abtropfen lassen. Dann in reichlich Salzwasser zugedeckt ca. 1,5–2 Std. kochen. Nochmals abgießen und abtropfen lassen.

2 Backofen auf 200° vorheizen. Backblech mit Backpapier auslegen. Sojabohnen mit Olivenöl, Ras el Hanout und Salz würzen und auf dem Backpapier verteilen. Auf der mittleren Schiene ca. 20 Min. backen, bis sie knusprig sind.

3 Inzwischen die Erbsen in Salzwasser blanchieren, abgießen und kalt abschrecken. Mit Ricotta pürieren.

4 Zitrone heiß abspülen und Schale fein abreiben. Zitrone auspressen.

5 Erbsencreme mit Hanföl, Salz, Pfeffer, Zitronenabrieb und -saft abschmecken. In eine Schüssel füllen und mit den gerösteten Sojabohnen servieren.

POWER-SNACK

Geröstete Sojabohnen sind eine leckere und eiweißreiche Alternative zu herkömmlichen Chips. Bereiten Sie deshalb am besten gleich die doppelte Menge davon zu. Und probieren Sie zum Knabbern auch einmal geröstete Kichererbsen.

Für Schleckermäuler

SÜSSES AZUKIBOHNENMUS

50 g getrocknete Azukibohnen | 60 g Mandeln | 100 g getrocknete Cranberrys | 1 Msp. gemahlener Kardamom | 2 EL Ahornsirup

Für 4 Personen | 15 Min. Zubereitung | mind. 8 Std. Einweichen | 1 Std. Garen
Pro Portion ca. 220 kcal, 6 g E, 8 g F, 30 g KH

1 Bohnen 8–12 Std. in reichlich Wasser einweichen. Abgießen und abtropfen lassen. Mit frischem Wasser zugedeckt in 50–60 Min. gar kochen. Nochmals abgießen und abtropfen lassen.

2 Mandeln grob hacken. Mit Bohnen, Cranberrys, Kardamom und Ahornsirup in eine Küchenmaschine geben. 100 ml Wasser zugießen und alles zu einer streichfähigen Paste mixen, bei Bedarf noch etwas Wasser zugießen.

VARIANTE

Weichen Sie Mandeln und Cranberrys ebenfalls über Nacht in Wasser ein, dann wird das Bohnenmus noch feiner. Wenn Sie den Aufstrich anschließend in ein steriles Schraubglas füllen, hält er sich im Kühlschrank circa fünf Tage.

Very British

BIRNEN-PORRIDGE MIT GRANATAPFEL

Für den Porridge: 150 g geschrotete Fünfkorn-Mischung (ersatzweise nur Hafer) | 1 EL geschroteter Leinsamen | 1 Prise Salz | 1 Vanilleschote | 2 EL Ahornsirup (ersatzweise Honig) | 100 ml Milch (ersatzweise Pflanzendrink)

Für das Topping: 1 Granatapfel | 50 g Haselnusskerne | 4 kleine Birnen | 2 EL Chia-Samen

Für 4 Personen | 25 Min. Zubereitung
Pro Portion ca. 365 kcal, 9 g E, 14 g F, 47 g KH

1 Geschrotetes Getreide, Leinsamen und Salz in einem Topf unter Rühren 5 Min. rösten. Die Vanilleschote mit einem scharfen Messer aufschlitzen und das Mark herauskratzen. Das Mark in den Topf dazugeben.

2 800 ml Wasser zugießen und alles zugedeckt bei kleiner Hitze 15–20 Min. köcheln lassen, bis eine cremige Masse entsteht. Dabei gelegentlich umrühren.

3 Inzwischen für das Topping den Granatapfel mit einem scharfen Messer halbieren und die Kerne herauslösen. Haselnüsse grob hacken. Birnen waschen, halbieren, Kerngehäuse entfernen und Birnen in dünne Spalten schneiden.

4 Porridge mit Ahornsirup süßen und Milch unterrühren. Zum Anrichten mit Birnenspalten belegen und mit Granatapfel, Chia-Samen und Haselnüssen bestreuen.

GUT VORZUBEREITEN

Der Porridge kann bereits am Vorabend mit Wasser zubereitet werden. Am nächsten Tag müssen Sie nur noch die Milch zugeben, den Frühstücksbrei nochmals erwärmen und mit Früchten und Nüssen garnieren.

Proteinkraft fürs Frühstücksbrot

SÜSSLUPINEN-MÖHREN-AUFSTRICH MIT INGWER

50 g grob geschrotete Süßlupinenkerne (Naturkostladen) | 6 Möhren (ca. 300 g) | Salz | 1 Stück Ingwer (ca. 2 cm lang) | 2–3 EL Olivenöl | 2 EL Süßlupinenmehl | 1 EL Honig | Pfeffer | 1 Zweig Thymian

Für 4 Personen | 20 Min. Zubereitung | 20 Min. Quellen
Pro Portion ca. 160 kcal, 10 g E, 8 g F, 10 g KH

1 Süßlupinenkerne abspülen, in eine Schüssel geben, mit 200 ml kochendem Wasser übergießen und ca. 20 Min. quellen lassen. Dann das restliche Wasser abgießen.

2 Möhren schälen und Enden abschneiden. Möhren grob klein schneiden und in wenig Salzwasser ca. 10 Min. kochen, bis sie weich sind, dann abgießen.

3 Ingwer schälen und fein hacken. Süßlupinenkerne, Möhren, Ingwer, Öl und Mehl mit einem Pürierstab pürieren. Mit Honig, Salz und Pfeffer abschmecken. Thymian waschen, trocken schütteln, Blätter abzupfen und unterrühren. Aufstrich vor dem Servieren abkühlen lassen.

VARIANTE

Der Aufstrich hält sich luftdicht verschlossen und gekühlt drei bis vier Tage. Probieren Sie auch einmal die feurige Variante mit einer halben roten Chilischote.

Nussiger Gruß aus Italien

BROKKOLI-CASHEW-CROSTINI

40 g Cashewkerne | 250 g Brokkoli | 1 Bio-Zitrone | 200 gegarte weiße Bohnen (aus der Dose) | 1 Knoblauchzehe | Pfeffer | 2 Frühlingszwiebeln | 1 Vollkorn-Baguette

Für 4 Personen | 15 Min. Zubereitung | 12 Std. Einweichen
Pro Portion ca. 260 kcal, 12 g E, 5 g F, 39 g KH

1 Cashewkerne in kaltem Wasser 12 Std. einweichen. Abgießen und abtropfen lassen.
2 Brokkoli putzen, in Röschen teilen und in Salzwasser in ca. 5 Min. bissfest garen. Abgießen und abschrecken. Zitrone heiß abspülen, etwas Schale abreiben. Zitrone dann halbieren und eine Hälfte auspressen.
3 Bohnen abspülen und abtropfen lassen. Knoblauchzehe schälen und fein hacken. Hälfte der Bohnen, Hälfte des Brokkoli, Knoblauch und Cashewkerne mit dem Pürierstab pürieren. Restlichen Brokkoli grob hacken und mit restlichen Bohnen vorsichtig unterrühren. Mit Salz, Pfeffer, Zitronensaft und -abrieb abschmecken.
4 Frühlingszwiebeln putzen, dabei Wurzeln und welke Teile entfernen. Die Zwiebeln in feine Ringe schneiden. Baguette in Scheiben schneiden und rösten. Mit Brokkolicreme bestreichen und mit den Frühlingszwiebeln garnieren.

WENN'S SCHNELL GEHEN SOLL

Die Creme wird feiner, wenn Sie die Cashewkerne wie im Rezept angegeben einweichen. Wenn es einmal schnell gehen soll, können Sie die Cashews aber auch mit heißem Wasser übergießen und nur circa 20 Minuten einweichen.

Superfood-Klassiker

CHIA-PUDDING MIT MANGO, ANANAS UND KOKOS

8 gehäufte EL Chia-Samen | 600 ml Sojadrink | 1 Mango | ½ Ananas | 4 EL Kokoschips (ersatzweise Kokosraspel)

Für 4 Personen | 30 Min. Zubereitung
Pro Portion ca. 345 kcal, 13 g E, 22 g F, 19 g KH

1 In vier hohen Gläsern jeweils 2 EL Chia-Samen mit je 150 ml Sojadrink verrühren. Chia-Samen-Pudding im Kühlschrank 30 Min. quellen lassen. Nach 15 Min. gut durchrühren, damit sich keine Klümpchen bilden.

2 Inzwischen die Mango schälen, Fruchtfleisch vom Kern schneiden und klein würfeln. Ananas schälen, vom Strunk befreien und ebenfalls klein würfeln. Kokoschips nach Belieben in einer Pfanne ohne Fett rösten.

3 Mango und Ananas auf dem Chia-Samen-Pudding verteilen, mit Kokoschips bestreuen.

GUT VORZUBEREITEN

Sie können den Chia-Pudding auch schon am Vorabend zubereiten und ihn über Nacht quellen lassen. Ihr Körper kann die wertvollen Inhaltsstoffe dann noch besser verwerten. Variieren Sie den Pudding zur Abwechslung auch einmal mit anderen Früchten oder mit Nüssen und Gewürzen wie Vanille, Ingwer oder Zimt.

Mit frischen Keimlingen

SÜSSLUPINEN-SCHICHT-MÜSLI MIT BUCHWEIZEN

50 g Buchweizen | 100 g grob geschrotete Süßlupinenkerne (Naturkostladen) | ½ Vanilleschote | 140 ml Sojadrink | 300 g gemischte TK-Beeren | 400 g Seidentofu | 2 EL Agavendicksaft

Für 4 Personen | 20 Min. Zubereitung | mind. 3 Std. Einweichen | 2–3 Tage Keimen
Pro Portion ca. 230 kcal, 18 g E, 5 g F, 25 g KH

1 Buchweizen 3–5 Std. in reichlich Wasser einweichen. Abgießen und mit frischem Wasser abspülen. Im Keimglas 2–3 Tage keimen lassen. Täglich 2–3-mal spülen.

2 Süßlupinenkerne abspülen und abtropfen lassen. Vanilleschote aufschlitzen und das Mark herauskratzen. Mit Süßlupinenkernen und Sojadrink in einen Topf geben, aufkochen und zugedeckt bei ausgeschaltetem Herd ca. 15 Min. quellen lassen.

3 Inzwischen die Beeren etwas antauen lassen. Seidentofu und Beeren mit dem Pürierstab pürieren. Mit Agavendicksaft süßen.

4 Für das Schichtmüsli Süßlupinenmischung in ein Glas füllen, Beerencreme darübergeben und mit gekeimtem Buchweizen bestreuen.

VARIANTE

Für eine schnelle Variante ohne Keimzeit können Sie den Buchweizen in einer Pfanne ohne Fett kurz rösten und direkt über das Süßlupinen-Schichtmüsli streuen.

Mit frischen Früchten

SÜSSER AMARANTBREI MIT ORANGEN UND MANDELN

240 g Amarant | 5 EL getrocknete Cranberrys | 700 ml Milch (ersatzweise Sojadrink) | 1 Prise Salz | 2 Orangen | 300 g Himbeeren | 4 EL Mandeln | 3 EL Agavendicksaft (ersatzweise Ahornsirup)

Für 4 Personen | 30 Min. Zubereitung
Pro Portion ca. 560 kcal, 20 g E, 20 g F, 73 g KH

1 Amarant unter fließendem heißem Wasser abspülen. Mit Cranberrys, Milch und Salz in einen großen Topf geben, aufkochen und zugedeckt bei kleiner Hitze ca. 30 Min. köcheln lassen. Dabei immer wieder umrühren.

2 Inzwischen Orangen schälen, in Scheiben schneiden und vierteln. Himbeeren waschen und trocken tupfen. Mandeln grob hacken.

3 Amarantbrei auf vier Schalen aufteilen, Orangen und Himbeeren darauf verteilen und mit Mandeln bestreuen. Nach Belieben mit Agavendicksaft beträufeln.

VARIANTE

Wählen Sie saisonales Obst: Aprikosen, Äpfel, Birnen und Pfirsiche passen sehr gut zu diesem Rezept. Amarantbrei können Sie auch schon am Vorabend zubereiten. Am nächsten Morgen einfach mit einem Schuss Milch erwärmen oder kalt genießen.

Mit Superfood Chia

EIWEISS-KÖRNER-BROT

50 g Haselnusskerne | 30 g Chia-Samen | 100 g geschroteter Leinsamen | 20 g Flohsamenschalen | 100 g Sonnenblumenkerne | 50 g Kürbiskerne | 150 g Dinkelflocken (ersatzweise Mehrkornflocken) | 1 TL Salz | 50 ml Rapsöl | 1 TL Agavendicksaft
Außerdem: 1 Kastenform (25 cm lang)

Für 1 Brot (12 Scheiben) | 15 Min. Zubereitung | 12 Std. Quellen | 1 Std. Backen
Pro Scheibe ca. 220 kcal, 7 g E, 16 g F, 10 g KH

1 Die Kastenform mit Backpapier auslegen. Haselnüsse grob hacken.

2 Alle trockenen Zutaten miteinander vermengen. Öl, Agavendicksaft und 350 ml warmes Wasser vermischen und unter die Körnermischung rühren. Teig in die Kastenform füllen und zugedeckt ca. 12 Std. quellen lassen.

3 Backofen auf 170° (Umluft) vorheizen. Brot auf der mittleren Schiene 1. Std. backen, nach der Hälfte der Zeit aus dem Backofen nehmen, stürzen und ohne Form fertig backen.

Das volle Korn

BANANEN-MANDEL-MUFFINS

2 große reife Bananen | ½ Vanilleschote | 50 ml Rapsöl | 80 ml Ahornsirup | 1 Ei (M) | 120 g Joghurt (ersatzweise Sojaghurt) | 70 g Vollkorn-Emmermehl (ersatzweise Vollkorn-Dinkelmehl) | 30 g gemahlene Mandeln | 50 g geschroteter Goldleinsamen | 1 TL Backpulver | ½ TL Natron | 1 Prise Salz | 2 EL Mandelblättchen
Außerdem: 12er-Muffinform | 12 Muffin-Papierförmchen

Für 12 Stück | 20 Min. Zubereitung | 25 Min. Backen
Pro Stück ca. 155 kcal, 4 g E, 9 g F, 13 g KH

1 Backofen auf 180° vorheizen. Muffinform mit Papierförmchen auslegen.

2 Bananen schälen und mit einer Gabel zerdrücken. Vanilleschote aufschlitzen und Mark herauskratzen. Alles mit Öl, Ahornsirup, Ei und Joghurt verrühren.

3 Mehl, Mandeln, Leinsamen, Backpulver, Natron und Salz vermischen und unter die Bananenmischung rühren.

4 Teig in die Förmchen füllen, mit Mandelblättchen bestreuen und auf der mittleren Schiene in ca. 25 Min. goldbraun backen.

▸ **siehe Foto Seite 58**

Süß & fruchtig

BUCHWEIZEN-PANCAKES MIT HIMBEEREN

2 Eier (M) | 6 EL Ahornsirup | 1 Prise Salz | 200 ml Milch | 200 g Buchweizenmehl | 2 TL Backpulver | ½ TL Zimtpulver | 2 EL Butter | 300 g Himbeeren

Für 12 Stück | 30 Min. Zubereitung
Pro Stück ca. 125 kcal, 4 g E, 4 g F, 17 g KH

1 Eier mit dem Handrührgerät in 3–4 Min. schaumig schlagen. 2 EL Ahornsirup, Salz und Milch unter Rühren zugeben.

2 Mehl, Backpulver und Zimt mischen und unter die Eiermasse rühren. Teig 15 Min. ruhen lassen.

3 In einer beschichteten Pfanne Butter erhitzen. Je Pfannkuchen 1 EL Teig hineingeben. Nacheinander 12 Pfannkuchen von jeder Seite in 2–3 Min. goldbraun backen.

4 Beeren waschen und verlesen. Buchweizen-Pancakes mit Beeren und restlichem Ahornsirup servieren.

VARIANTE

Wählen Sie saisonales Obst zu den Pfannkuchen. Zur Abwechslung können Sie auch zwei in Scheiben geschnittene Bananen oder einen großen, in dünne Spalten geschnittenen Apfel im Teig mit ausbacken. Für einen extra Proteinkick servieren Sie die Pancakes mit gehackten Nüssen oder gerösteten Samen.

GRÜNER TOPACT – EIWEISSREICHE HAUPTGERICHTE

Abwechslung wird hier großgeschrieben: Bei den Hauptgerichten zeigt sich, wie vielfältig und geschmackvoll die Lieferanten grüner Proteine sind. Die geballte Eiweißpower kommt aus bunten Linsen, würzigen Bohnen, feinen Süßlupinen und knackigen Kichererbsen. Getreidekörner wie Emmer, Grünkern, Hirse und Mais werden zu cremigem Risotto, feurigem Chili und bunten Pfannengerichten. Probieren Sie doch einmal selbst gemachte Pasta oder Tacos. Auch Pseudogetreide wie Quinoa, Amarant und Buchweizen passen wunderbar in die Grüne-Proteine-Küche. Das gewisse Etwas liefern Sprossen: Die kleinen Vitalstoffriesen versorgen uns beispielsweise in der bunten Hirsepfanne von Seite 85 mit Vitaminen, Mineralstoffen und einer zusätzliche Ladung Eiweißkraft. Genießen Sie also die herrliche Vielfalt des grünen Eiweißes.

Unterstützung fürs Immunsystem

ROTE LINSENSUPPE MIT KRÄUTER-MANDEL-PESTO

Für die Suppe: 1 große Zwiebel | 1 Knoblauchzehe | 1 Stück Ingwer (3 cm lang) | 3 EL Olivenöl | 2 EL Tomatenmark | 1,2 l Gemüsebrühe | 300 g rote Linsen | 1 Limette | 1 TL gemahlener Kreuzkümmel | Salz | Pfeffer
Für das Pesto: 50 g gemischte Kräuter (Petersilie, Basilikum, Koriander etc.) | 1 kleine Knoblauchzehe | ½ Limette | 50 g Mandeln | 100 ml Olivenöl | Salz | Pfeffer

Für 4 Personen | 30 Min. Zubereitung
Pro Portion ca. 685 kcal, 25 g E, 42 g F, 47 g KH

1 Für die Suppe Zwiebel, Knoblauch und Ingwer schälen und fein hacken. Öl in einem Topf erhitzen und alles darin andünsten. Tomatenmark zugeben und kurz mit anschwitzen.

2 Gemüsebrühe aufgießen, die Linsen zugeben und alles ca. 10 Min. köcheln, bis die Linsen weich sind.

3 Inzwischen für das Pesto die Kräuter waschen und trocken schütteln. Knoblauch schälen und fein hacken. Limette auspressen. Mandeln grob zerkleinern. In einem Blender oder Blitzhacker alles fein mixen. Olivenöl in einem dünnen Strahl dazugießen, bis das Pesto die gewünschte Konsistenz hat. Mit Salz und Pfeffer abschmecken.

4 Die Limette für die Suppe halbieren und auspressen. Suppe fein pürieren und mit Kreuzkümmel, Limettensaft, Salz und Pfeffer würzen. Die Linsensuppe mit einem Klecks Kräuter-Mandel-Pesto servieren.

Feuriger Sattmacher

SCHARFER BOHNEN-KARTOFFEL-EINTOPF

1 Zwiebel | 600 g vorwiegend festkochende Kartoffeln | 2 Tomaten | 1 gelbe Paprika | 1 rote Chilischote | 1 Dose weiße Bohnen (Abtropfgewicht 240 g) | 1 Dose Kidneybohnen (Abtropfgewicht 240 g) | 3 EL Rapsöl | 2 EL Tomatenmark | Salz | Pfeffer | ½ Bund Petersilie

Für 4 Personen | 35 Min. Zubereitung
Pro Portion ca. 275 kcal, 11 g E, 8 g F, 38 g KH

1 Zwiebel schälen und fein würfeln. Kartoffeln schälen, Tomaten waschen und alles klein würfeln. Paprikaschote und Chilischote halbieren, Kerne und Trennwände entfernen, Hälften waschen. Paprika würfeln, Chili in dünne Streifen schneiden. Die Bohnen abgießen, abspülen und abtropfen lassen.

2 Öl in einem großen Topf erhitzen und Zwiebeln darin glasig dünsten. Kartoffeln zugeben und 3–4 Min. anbraten. Paprika, Chili und Tomatenmark zufügen und 5–6 Min. braten.

3 Tomaten und 150 ml Wasser dazugeben und weitere 15–20 Min. garen. Kurz vor Ende der Garzeit die Bohnen zugeben. Mit Salz und Pfeffer abschmecken. Petersilie waschen und trocken schütteln, die Blätter abzupfen und über den Eintopf streuen.

Reich an Ballaststoffen

BOHNEN À LA SHAKSHUKA

1 Zwiebel | 1 Knoblauchzehe | 1 kleine Chilischote | 2 rote Spitzpaprika | 1 Glas Kichererbsen (Abtropfgewicht 220 g) | 1 Dose Kidneybohnen (Abtropfgewicht 240 g) | 3 EL Rapsöl | 1 Dose stückige Tomaten (400 ml) | ½ TL gemahlener Koriander | ½ TL gemahlener Kreuzkümmel | 1 TL Zucker | Salz | Pfeffer | 4 Eier | 1 Bund Petersilie (ersatzweise Koriander)

Für 4 Personen | 15 Min. Zubereitung | 40 Min. Garen
Pro Portion ca. 285 kcal, 15 g E, 15 g F, 23 g KH

1 Zwiebel und Knoblauchzehe schälen und fein hacken. Chili- und Paprikaschoten halbieren, Kerne und Trennwände entfernen und Hälften waschen. Chilischote in feine Streifen und Paprikaschoten in Würfel schneiden. Kichererbsen und Kidneybohnen abgießen, abspülen und abtropfen lassen.

2 Öl in einer großen Pfanne erhitzen, Zwiebel und Knoblauch darin anschwitzen. Chili und Paprika zugeben und alles kurz anbraten. Tomatenstücke dazugeben und 300 ml Wasser aufgießen. Kichererbsen und Bohnen zufügen und alles gut verrühren. Mit Koriander, Kreuzkümmel, Zucker, Salz und Pfeffer würzen und bei kleiner Hitze ca. 25 Min. köcheln lassen, bis die Sauce eingedickt ist.

3 Mit einem Kochlöffel vier Mulden in die Sauce drücken und die aufgeschlagenen Eier vorsichtig hineingeben. Mit geschlossenem Deckel weitere 10—15 Min. köcheln lassen, bis das Eiweiß gestockt ist. Petersilie waschen, trocken schütteln und klein hacken. Shakshuka mit der Petersilie bestreuen und mit Baguette servieren.

KLASSIKER AUS ISRAEL

Shakshuka ist ein traditionelles Pfannengericht aus Israel, das dort ohne Hülsenfrüchte zum Frühstück serviert wird. Nach Belieben kann es auch ohne Eier zubereitet werden.

◄

Das volle Korn

BLUMENKOHL-LINSEN-CURRY MIT CASHEWREIS

1 Zwiebel | 1 Knoblauchzehe | 1 Stück Ingwer (2 cm lang) | ½ Blumenkohl (ca. 400 g) | 4 Möhren | 2 EL Sesamöl | 1 EL Currypulver | 200 g gelbe Linsen | 1 Dose Kokosmilch (400 g) | Salz | Pfeffer | 1 Bund Koriandergrün (ersatzweise Petersilie)

Für den Reis: 50 g Cashewkerne | 1 Gewürznelke | 200 g Basmati-Vollkornreis | 2 EL Butter | Salz

Für 4 Personen | 45 Min. Zubereitung
Pro Portion ca. 750 kcal, 26 g E, 38 g F, 75 g KH

1 Für den Reis Cashewkerne in einer Pfanne ohne Fett rösten. In einem Topf Wasser zum Kochen bringen, Gewürznelke und Reis zugeben und bei geringer Hitze 40 Min. zugedeckt köcheln lassen.

2 Inzwischen für das Curry Zwiebel, Knoblauchzehe und Ingwer schälen und fein hacken. Blumenkohl waschen, putzen und in Röschen teilen. Möhren schälen und in 2 cm große Würfel schneiden. Öl in einem großen Topf erhitzen, Zwiebel, Knoblauch und Ingwer darin anschwitzen. Currypulver zugeben und kurz mitrösten. Blumenkohl, Möhren und Linsen dazugeben, mit Kokosmilch und 300 ml Wasser aufgießen und zugedeckt bei kleiner Hitze 10–12 Min. köcheln lassen, dabei gelegentlich umrühren. Mit Salz und Pfeffer abschmecken.

3 Reis nach der Kochzeit vom Herd nehmen und 5 Min. ruhen lassen. Butter und Cashewkerne unterrühren und salzen. Koriander waschen, trocken schütteln, Blätter abzupfen und über das Curry streuen. Mit dem Reis servieren.

Mexiko lässt grüßen

BOHNEN-MAIS-CURRY MIT TORTILLAS

200 g schwarze Bohnen | 1 Zwiebel | 1 Knoblauchzehe | 1 Dose Mais (Abtropfgewicht 280 g) | 2 EL Rapsöl | ½ TL gemahlener Kreuzkümmel | ½ TL gemahlener Koriander | 1 Dose stückige Tomaten (400 g) | 1 Prise Zucker | Salz | Pfeffer | ½ Limette | 1 Avocado | 8 kleine Tortillas (Weizenfladen) | ½ Bund Koriandergrün

Für 4 Personen | 15 Min. Zubereitung | 12 Std. Einweichen | 2 Std. Garen
Pro Portion ca. 705 kcal, 25 g E, 21 g F, 99 g KH

1 Bohnen ca. 12 Std. in reichlich Wasser einweichen. Abgießen und mit frischem Wasser zugedeckt in 1,5–2 Std. gar kochen. Erneut abgießen und abtropfen lassen.

2 Zwiebel und Knoblauchzehe schälen und fein hacken. Mais abgießen, abspülen und abtropfen lassen. Öl in einem großen Topf erhitzen, Zwiebel und Knoblauch darin glasig anschwitzen. Kreuzkümmel und Koriander zugeben und kurz mitrösten. Bohnen, Mais und Tomatenstücke zufügen. Aufkochen und bei kleiner Hitze 10 Min. köcheln lassen. Gelegentlich umrühren. Mit Zucker, Salz und Pfeffer abschmecken.

3 Limette auspressen. Avocado halbieren, Kern entfernen und Fruchtfleisch mit einem Löffel herauslösen. Fruchtfleisch in dünne Scheiben schneiden und mit Limettensaft beträufeln. Tortillas nach Packungsangabe erwärmen.

4 Koriander waschen, trocken schütteln und Blätter abzupfen. Curry auf den Tortillas verteilen, mit Avocadoscheiben belegen und mit Koriander bestreuen.

SELBST GEMACHT

Sie können die Tortillas auch selbst machen. Verwenden Sie dazu das Rezept für die Vollkorn-Tacos von Seite 91.

Wertvolles Urgetreide

EMMER-RISOTTO MIT RUCOLA UND MANOURI

200 g Emmer (Naturkostladen) | 1 Zwiebel | 1 Knoblauchzehe | 6 Möhren (ca. 300 g) | 2 EL Olivenöl | 250 ml Weißwein | 500 ml Gemüsebrühe | 100 g Manouri (griechischer Frischkäse; ersatzweise Schafskäse) | Salz | Pfeffer | 100 g Rucola

Für 4 Personen | 50 Min. Zubereitung | 24 Std. Einweichen
Pro Portion ca. 385 kcal, 10 g E, 16 g F, 36 g KH

1 Emmer unter fließendem Wasser waschen und in kaltem Wasser 24 Std. einweichen.

2 Emmer nach dem Einweichen abgießen. Zwiebel und Knoblauchzehe schälen und beides fein hacken. Möhren schälen und in Scheiben schneiden.

3 Olivenöl in einem großen Topf erhitzen, Zwiebeln und Knoblauch darin glasig anschwitzen. Emmer zugeben und kurz mitrösten. Mit Weißwein und Gemüsebrühe aufgießen, aufkochen und zugedeckt bei mittlerer Hitze 15 Min. köcheln lassen. Dabei gelegentlich umrühren. Möhren zugeben und weitere 20 Min. ohne Deckel köcheln lassen. Bei Bedarf noch etwas Wasser zugießen.

4 Risotto vom Herd nehmen, Manouri darüberbröseln und alles gut verrühren. Mit Salz und Pfeffer abschmecken. Rucola waschen, trocken schütteln, in mundgerechte Stücke zupfen und vorsichtig unter das Risotto heben.

Kräuterkraft trifft Süße

SÜSSKARTOFFELN MIT SCHWARZEN BOHNEN

200 g schwarze Bohnen | 4 große Süßkartoffeln (ca. 200 g) | 3 Stiele Minze | ½ Bund Petersilie | ½ Bund Schnittlauch | ½ Zitrone | 250 g Joghurt | 250 g Sauerrahm | 3 EL Leinöl | ½ TL mildes Currypulver | Salz | Pfeffer

Für 4 Personen | 2 Std. Zubereitung | 12 Std. Einweichen
Pro Portion ca. 390 kcal, 17 g E, 17 g F, 37 g KH

1 Bohnen ca. 12 Std. in reichlich Wasser einweichen. Dann mit frischem Wasser zugedeckt in 1,5–2 Std. gar kochen. Abgießen und abtropfen lassen.

2 Inzwischen Backofen auf 220° vorheizen. Süßkartoffeln gründlich waschen, in Alufolie wickeln und auf der mittleren Schiene im Backofen ca. 50 Min. backen.

3 Für den Dip Minze, Petersilie und Schnittlauch waschen und trocken schütteln. Minze und Petersilie klein hacken. Schnittlauch in Röllchen schneiden. Zitrone auspressen. 2 EL Zitronensaft, Joghurt, Sauerrahm, Leinöl, Currypulver, Kräuter, Salz und Pfeffer verrühren.

4 Süßkartoffeln aus der Alufolie lösen, längs einschneiden, salzen und pfeffern. Mit Bohnen und Dip füllen und servieren.

WENN'S SCHNELL GEHEN SOLL

Sie können die schwarzen Bohnen auch gut vorkochen. Zum Erwärmen dann einfach mit den Süßkartoffeln 10 bis 15 Minuten in den Backofen geben.

Reich an B-Vitaminen

AUBERGINE MIT BUCHWEIZEN AUF POLENTA

Für die gefüllte Aubergine: 80 g Buchweizen | Salz | 2 große Auberginen | ½ Zitrone | Pfeffer | 1 Knoblauchzehe | 3 Tomaten | 1 EL Kapern | 2 EL grüne Oliven (entsteint) | 4 Stiele Oregano | 200 g Mozzarella (Abtropfgewicht 125 g) | 4 EL Olivenöl | 4 EL Sonnenblumenkerne

Für die Polenta: 900 ml Gemüsebrühe | 250 g Polenta (Maisgrieß) | 50 g Parmesan | 2 EL Olivenöl | Salz | Pfeffer | frisch geriebene Muskatnuss

Für 4 Personen | 1 Std. Zubereitung
Pro Portion ca. 665 kcal, 23 g E, 34 g F, 66 g KH

1 Buchweizen in einem Sieb unter fließendem Wasser waschen. 160 ml Salzwasser aufkochen, Buchweizen zugeben und zugedeckt bei kleiner Hitze ca. 20 Min. köcheln lassen. Abgießen und abtropfen lassen.

2 Inzwischen Auberginen waschen, längs halbieren und mit einem Löffel aushöhlen, sodass ein ca. 1 cm breiter Rand stehen bleibt. Zitrone auspressen, Auberginenhälften mit Zitronensaft beträufeln, salzen und pfeffern. Fruchtfleisch klein würfeln. Knoblauchzehe schälen und fein hacken. Tomaten waschen und klein würfeln. Kapern und Oliven grob hacken. Oregano waschen, Blätter abzupfen. Mozzarella würfeln.

3 Backofen auf 180° vorheizen. Öl in einer Pfanne erhitzen, Knoblauch kurz anschwitzen. Auberginenwürfel und Tomaten zugeben und 8–10 Min. braten. Buchweizen, Kapern, Oliven, Oregano und Sonnenblumenkerne zugeben, salzen und pfeffern. Mozzarella dazugeben. Auberginenhälften mit der Mischung füllen und auf der mittleren Schiene 30 Min. backen.

4 Inzwischen für die Polenta Gemüsebrühe aufkochen. Polenta unter Rühren einrieseln lassen. Parmesan reiben. Polenta mit Parmesan, Olivenöl, Salz, Pfeffer und Muskatnuss abschmecken.

5 Gefüllte Auberginen auf der cremigen Polenta anrichten und servieren.

Hohe biologische Wertigkeit

SEITAN MIT HANFSAMEN-KRUSTE AUF GEMÜSE-LINSEN

Für den Seitan: 400 g Seitan | 3–4 EL geschälte Hanfsamen | 3 EL Rapsöl
Für die Linsen: 1 Zwiebel | 2 Stangen Staudensellerie | 400 g Hokkaido-Kürbis | 3 EL Olivenöl | 100 g grüne Linsen (z. B. Puy-Linsen) | 400 ml Gemüsebrühe | 400 g Brokkoli | Salz | 4 Stiele Thymian | 3 EL Aceto balsamico

Für 4 Personen | 40 Min. Zubereitung
Pro Portion ca. 500 kcal, 35 g E, 21 g F, 38 g KH

1 Zwiebel schälen und fein hacken. Staudensellerie waschen, gegebenenfalls harte Fäden abziehen und Stangen klein würfeln. Kürbis entkernen, waschen und ebenfalls klein würfeln.

2 Öl in einem Topf erhitzen, Zwiebel darin anschwitzen. Sellerie und Kürbis zugeben und 3 Min. anbraten. Linsen dazugeben, Gemüsebrühe aufgießen und zugedeckt bei kleiner Hitze 20 Min. köcheln lassen.

3 Inzwischen Brokkoli putzen, in Röschen teilen und in Salzwasser in 3 Min. bissfest garen. Abgießen und abschrecken. Zu den Linsen geben und weitere 5 Min. köcheln lassen. Thymian waschen, trocken schütteln und Blättchen abzupfen. Linsen mit Salz, Thymian und Aceto balsamico abschmecken.

4 Seitan klein würfeln. Hanfsamen in eine Schüssel geben und Seitan darin wenden. Öl in einer Pfanne erhitzen und Seitan darin 2–3 Min. rundherum anbraten.

5 Gemüse-Linsen mit Seitan servieren.

Stück für Stück das volle Korn

CROSTATA MIT ROTER BETE, KÜRBIS UND KICHERERBSEN

Für den Mürbeteig: 250 g Vollkorn-Emmermehl (Biosupermarkt; ersatzweise Vollkorn-Weizenmehl) | 1 TL Salz | 125 g kalte Butter | 1 Ei (M)

Für die Füllung: 300 g Hokkaido-Kürbis | 1 Rote Bete | 50 g gegarte Kichererbsen (aus der Dose) | 50 g Mais (aus der Dose) | 150 g Crème fraîche | 2 EL Olivenöl | Salz | Pfeffer | 1 Kästchen Kresse

Außerdem: Mehl für die Arbeitsfläche, Einmalhandschuhe nach Belieben

Für 1 Crostata (12 Stück) | 20 Min. Zubereitung | 30 Min. Backen

Pro Stück ca. 235 kcal, 4 g E, 17 g F, 19 g KH

1 Für den Teig Mehl und Salz mischen. Butter grob in Stücke teilen, Butter und Ei zum Mehl geben. Alles zu einem glatten Teig verkneten, bei Bedarf 2–3 EL kaltes Wasser zugeben. Teig zu einer Kugel formen und in Frischhaltefolie gewickelt 30 Min. kühl stellen.

2 Inzwischen Kürbis waschen, entkernen und in dünne Spalten schneiden. Rote Bete schälen und in dünne Scheiben hobeln (am besten Einmalhandschuhe tragen, da sie abfärbt).

3 Backofen auf 220° vorheizen. Backblech mit Backpapier auslegen. Kichererbsen und Mais abgießen, abspülen, abtropfen lassen. Teig auf bemehlter Arbeitsfläche rund (ca. 30 cm ∅) ausrollen. Mit Crème fraîche bestreichen. Kürbis und Rote Bete abwechselnd kreisförmig daraufschichten, dabei einen Rand von ca. 2 cm frei lassen. Kichererbsen und Mais darauf verteilen. Mit Olivenöl beträufeln, salzen und pfeffern. Teigrand über das Gemüse einklappen und Crostata auf der unteren Schiene im Backofen 30 Min. backen.

4 Kresse vom Beet schneiden, über die Crostata streuen und servieren.

VARIANTE

Sie können den Teig problemlos auch in einer Tarteform (28 cm ∅) backen.

Extraportion Ballaststoffe

HIRSE-SOUFFLÉ MIT KICHERERBSEN

100 g Hirse | 1 Knoblauchzehe | 1 Zwiebel | 1 kleine Staude Mangold (ca. 600 g) | 2 Tomaten | 200 g gegarte Kichererbsen (aus der Dose) | 2 EL Olivenöl | Salz | Pfeffer | 4 Eier (M) | 200 g Ziegenfrischkäse | 1 Bund Petersilie | 2 EL Sonnenblumenkerne
Außerdem: 10 Soufflé-Förmchen | Butter für die Förmchen

Für 10 Soufflés | 35 Min. Zubereitung | 30 Min. Backen
Pro Stück ca. 195 kcal, 10 g E, 12 g F, 11 g KH

1 Hirse in einem Sieb unter fließendem heißem Wasser abspülen. Mit 200 ml Wasser aufkochen. Bei kleiner Hitze 7–10 Min. zugedeckt köcheln lassen, von Herd ziehen und 5 Min. ausquellen lassen. Backofen auf 170° (Umluft) vorheizen. Soufflé-Förmchen ausbuttern.

2 Inzwischen Knoblauchzehe und Zwiebel schälen und fein hacken. Mangold waschen und putzen. Stiele am Blattansatz abschneiden und klein würfeln. Blätter halbieren und in feine Streifen schneiden. Tomaten waschen, halbieren, von Stielansätzen befreien und klein würfeln. Kichererbsen abgießen, abspülen und abtropfen lassen.

3 Öl in einer großen Pfanne erhitzen, Knoblauch und Zwiebel darin anschwitzen. Mangoldstiele zugeben und 5–6 Min. anbraten, Blätter und Tomaten zufügen und weitere 4–5 Min. braten. Hirse und Kichererbsen dazugeben, salzen und pfeffern.

4 Eier trennen. Eiweiße steif schlagen. Eigelbe mit Ziegenfrischkäse verquirlen. Petersilie waschen, trocken schütteln und klein hacken. Eier-Käse-Masse und Petersilie unter die Hirse mischen. Eischnee vorsichtig unterheben. Nochmals mit Salz und Pfeffer abschmecken.

5 Masse in die Förmchen füllen, mit Sonnenblumenkernen bestreuen und in einer mit Wasser gefüllten Fettpfanne im Backofen auf der mittleren Schiene 30 Min. backen.

◄

Inspiriert aus der Orient-Küche

QUINOA-PILAW MIT TOFU UND EDAMAME

200 g Quinoa | 450 ml Gemüsebrühe | 1 TL gemahlene Kurkuma | 400 g Räuchertofu | 4 EL Sesamöl (ersatzweise Olivenöl) | 1 Dose Edamame (Abtropfgewicht 140 g; Naturkostladen) | 50 g Cranberrys | Salz | Pfeffer | 3 EL schwarzer Sesam (ersatzweise weißer Sesam)

Für 4 Personen | 20 Min. Zubereitung
Pro Portion ca. 550 kcal, 27 g E, 29 g F, 43 g KH

1 Quinoa unter fließendem heißem Wasser abspülen. Mit Gemüsebrühe und Kurkuma aufkochen und 15 Min. bei kleiner Hitze zugedeckt köcheln. Zugedeckt 5 Min. ausquellen lassen.

2 Räuchertofu klein würfeln. 2 EL Öl in einer Pfanne erhitzen und Tofu 3–4 Min. knusprig anbraten. Edamame abgießen, abspülen und abtropfen lassen.

3 Quinoa mit einer Gabel auflockern. Tofu, Edamame, Cranberrys und restliches Sesamöl unterrühren und mit Salz und Pfeffer abschmecken. Mit Sesamsamen bestreuen und servieren.

EDAMAME KAUFEN UND ZUBEREITEN

Edamame, die grünen Sojabohnen, bekommen Sie gegart in der Dose im Biosupermarkt oder Naturkostladen.
Tiefgefrorene Edamame in der Hülse finden Sie im Asienladen. Diese können Sie einfach fünf Minuten in kochendem Salzwasser blanchieren und dann aus der Hülse lösen. Fertig! Die Bohnen eignen sich auch gut als gesunde Knabberei.

Feurige Portion Mineralstoffe

GRÜNKERN-SÜSSLUPINEN-CHILI

30 g grob geschrotete Süßlupinenkerne (Naturkostladen) | 1 Zwiebel | 1 Knoblauchzehe | 1 rote Chilischote | 2 EL Olivenöl | 2 EL Tomatenmark | 1 TL Paprikapulver | 100 g geschroteter Grünkern | 450 ml Gemüsebrühe | 1 Dose stückige Tomaten (400 g) | 1 Prise Zucker | Salz | Pfeffer | 1 Dose Kidneybohnen (Abtropfgewicht 240 g) | 1 Dose Mais (Abtropfgewicht 285 g) | 250 g Sauerrahm | 1 Vollkorn-Baguette

Für 4 Personen | 1 Std. Zubereitung
Pro Portion ca. 560 kcal, 23 g E, 15 g F, 79 g KH

1 Süßlupinenkerne abspülen, in eine Schüssel geben, mit 200 ml kochendem Wasser übergießen und ca. 20 Min. quellen lassen. Restliches Wasser abgießen.

2 Inzwischen Zwiebel und Knoblauchzehe schälen und fein hacken. Chilischote halbieren, Kerne und Trennwände entfernen. Hälften waschen und fein hacken.

3 Öl in einem großen Topf erhitzen, Zwiebel, Knoblauch und Chilischote anschwitzen. Tomatenmark, Paprikapulver, Grünkern und Süßlupinenkerne zugeben und kurz anrösten. Brühe aufgießen und stückige Tomaten zugeben. Mit Zucker, Salz und Pfeffer würzen und 30 Min. bei kleiner Hitze zugedeckt köcheln lassen, gelegentlich umrühren.

4 Kidneybohnen und Mais abgießen, abspülen, abtropfen lassen und zum Chili geben. Das Ganze weitere 10 Min. köcheln lassen. Nochmals abschmecken. Mit Sauerrahm und Vollkorn-Baguette servieren.

SELBST SCHROTEN

Ganze Grünkern-Körner können Sie auch selbst in einem Standmixer kurz schroten.

◀

Kulinarischer Gruß aus Asien

KOKOS-CURRY MIT TEMPEH

200 g Vollkornreis | Salz | 1 Knoblauchzehe | 1 Zwiebel | 1 Stück Ingwer (2 cm lang) | 1 rote Paprika | 1 gelbe Paprika | 1 Zucchino | 400 g Tempeh | 3 EL Rapsöl | 2 EL mildes Currypulver | 1 TL gemahlene Kurkuma | ½ TL Cayennepfeffer | 400 ml Gemüsebrühe | 400 g Kokosmilch (aus der Dose) | 50 g Erdnusskerne | 1 Bund Koriandergrün | 1 EL Reisessig | 1 EL Sojasauce

Für 4 Personen | 1 Std. Zubereitung
Pro Portion ca. 690 kcal, 31 g E, 42 g F, 45 g KH

1 Reis in 400 ml leicht gesalzenem Wasser aufkochen und zugedeckt 35–40 Min. köcheln lassen, dabei gelegentlich umrühren.

2 Inzwischen Knoblauchzehe, Zwiebel und Ingwer schälen und fein hacken. Rote und gelbe Paprikaschote halbieren, Kerne und weiße Trennwände entfernen. Hälften waschen und klein würfeln. Zucchino waschen und klein würfeln. Tempeh ebenfalls klein würfeln.

3 Öl in einem großen Topf erhitzen. Zwiebeln, Knoblauch und Ingwer darin anschwitzen. Tempeh, Currypulver, Kurkuma und Cayennepfeffer zugeben und alles 2 Min. anbraten. Paprika- und Zucchinowürfel dazugeben und nochmals 3 Min. braten. Mit Gemüsebrühe und Kokosmilch aufgießen, Erdnusskerne hinzufügen und alles 10–15 Min. bei kleiner Hitze köcheln lassen.

4 Koriander waschen, trocken schütteln und fein hacken. Kokos-Curry mit Reisessig und Sojasauce abschmecken. Mit Koriander bestreuen und mit Reis servieren.

Extra viele Vitalstoffe

BUNTE HIRSEPFANNE MIT SPROSSEN

200 g Hirse | Salz | 1 Bund Frühlingszwiebeln | 2 rote Paprika | 100 g Mais (aus der Dose) | 3 EL Rapsöl | 200 g Mungbohnensprossen | Pfeffer | ½ TL Paprikapulver | 2 EL Sojasauce | 100 g Alfalfasprossen

Für 4 Personen | 20 Min. Zubereitung
Pro Portion ca. 320 kcal, 11 g E, 11 g F, 45 g KH

1 Hirse in einem Sieb unter fließendem heißem Wasser abspülen. In 400 ml leicht gesalzenem Wasser aufkochen. Bei kleiner Hitze 7–10 Min. köcheln. Topf vom Herd ziehen und Hirse 5 Min. ausquellen lassen.

2 Frühlingszwiebeln putzen, dabei Wurzeln und welke Teile entfernen. Die Zwiebeln in feine Ringe schneiden. Paprikaschote halbieren, Kerne und weiße Trennwände entfernen. Hälften waschen und in Streifen schneiden. Mais abgießen, abspülen und abtropfen lassen.

3 Öl in einer Pfanne erhitzen, Frühlingzwiebeln und Paprika 5 Min. anbraten. Mais und Mungbohnensprossen zugeben und unter Rühren in weiteren 2–3 Min. bissfest braten. Mit Salz und Pfeffer abeschmecken.

4 Hirse unterrühren und mit Paprikapulver und Sojasauce nochmals abschmecken. Mit Alfalfasprossen bestreuen und servieren.

Italien-Klassiker in neuem Gewand

ZUCCHINI-TOFU-LASAGNE

1 Knoblauchzehe | 1 kleine rote Chilischote | 2 EL Olivenöl | 1 Dose stückige Tomaten (400 g) | 1 Zweig Rosmarin | 2 Stiele Oregano | 1 Prise Zucker | Salz | Pfeffer | 400 g Tofu | 2 große Zucchini (ca. 500 g) | ½ Bund Basilikum | 1 Dose Cannellini-Bohnen (Abtropfgewicht 240 g) | 30 g Pinienkerne

Außerdem: 1 ofenfeste Form (18 × 22 cm) | Olivenöl für die Backform

Für 4 Personen | 30 Min. Zubereitung | 20 Min. Backen

Pro Portion ca. 285 kcal, 18 g E, 17 g F, 15 g KH

1 Knoblauchzehe schälen und fein hacken. Chilischote halbieren, Kerne und Trennwände entfernen. Hälften waschen und klein würfeln. Öl in einem Topf erhitzen, Knoblauch und Chili kurz anbraten. Tomaten zugeben. Rosmarin und Oregano waschen und trocken schütteln. Rosmarinnadeln abstreifen und klein hacken. Oregano ebenfalls klein hacken. Zur Tomatensauce geben, mit Zucker, Salz und Pfeffer würzen. Bei kleiner Hitze 20 Min. köcheln lassen.

2 Inzwischen Backofen auf 180° vorheizen. Backblech mit Backpapier auslegen. Tofu zerkrümeln und auf dem Backpapier verteilen. Auf der mittleren Schiene 15 Min. trocknen.

3 Zucchini waschen und längs in dünne Scheiben hobeln. Basilikum waschen, trocken schütteln und Blätter von den Stielen zupfen. Bohnen abgießen, abspülen und abtropfen lassen. Ofenfeste Form mit Olivenöl ausstreichen. Die Hälfte der Zucchinischeiben hineinlegen und salzen, die Hälfte der Tomatensauce darübergeben. Krümeligen Tofu, Bohnen und Basilikum ebenfalls jeweils zur Hälfte einschichten und das Ganze beginnend mit Zucchinischeiben wiederholen. Mit Pinienkernen bestreuen. Im Backofen 20 Min. backen und servieren.

Moderne Pasta-Variation

SÜSSLUPINENNUDELN MIT LINSEN-BOLOGNESE

Für die Nudeln: 340 g Weizenmehl | 40 g Süßlupinenmehl (Naturkostladen) | 1 EL Olivenöl | 1 TL Salz
Für die Linsen-Bolognese: 1 Zwiebel | 1 Knoblauchzehe | 3 Möhren | 3 Stangen Staudensellerie | 2 EL Olivenöl | 1 TL Zucker | 250 ml Rotwein (nach Belieben) | 1 EL Tomatenmark | 150 g braune Château-Linsen | 500 ml Gemüsebrühe | 4 Stiele Oregano | Salz | Pfeffer
Außerdem: Mehl für die Arbeitsfläche

Für 4 Personen | 45 Min. Zubereitung
Pro Portion ca. 565 kcal, 23 g E, 10 g F, 81 g KH

1 Für die Nudeln alle Zutaten mit 200 ml Wasser vermischen und zu einem glatten Teig verarbeiten. In Folie gewickelt 10 Min. kühl stellen.

2 Inzwischen Zwiebel und Knoblauchzehe schälen und fein hacken. Möhren schälen und klein würfeln. Staudensellerie waschen, gegebenenfalls harte Fäden abziehen und Stangen ebenfalls klein würfeln.

3 Öl in einem großen Topf erhitzen, Zwiebel und Knoblauch darin anschwitzen. Möhren und Sellerie zugeben, Zucker darüberstreuen und kurz karamellisieren lassen. Rotwein aufgießen und fast komplett einkochen lassen. Tomatenmark und Linsen zugeben, Gemüsebrühe zugießen. Oregano waschen, trocken schütteln, Blätter abzupfen, fein hacken und ebenfalls zugeben. Mit Salz und Pfeffer würzen. Alles bei kleiner Hitze 30 Min. zugedeckt köcheln lassen, dabei immer wieder umrühren.

4 Inzwischen Nudelteig halbieren und jede Hälfte auf einer bemehlten Arbeitsfläche dünn zu einem Rechteck ausrollen. Mit etwas Mehl bestäuben und locker einrollen. Mit einem scharfen Messer Bandnudeln schneiden. Alternativ den Teig mit einer Nudelmaschine zu Bandnudeln verarbeiten.

5 Reichlich Salzwasser zum Kochen bringen. Nudeln je nach Teigdicke in 1–3 Min. bissfest kochen. Abgießen und abtropfen lassen. Süßlupinennudeln mit Linsen-Bolognese servieren.

VARIANTE

Wenn es einmal schnell gehen soll, schmecken auch herkömmliche Spaghetti oder Dinkelnudeln hervorragend zu dieser Linsen-Bolognese.

Auch als Fingerfood geeignet

SOMMERROLLEN MIT SCHARFEM ERDNUSSDIP

100 g Mungbohnen | Salz | 100 g gelbe Linsen | 1 rote und 1 gelbe Paprika | 1 Avocado | 1 Zitrone | ½ Bund Minze | ½ Bund Koriandergrün | 12 Blatt rundes Reispapier (22 cm ∅; Asienladen)

Für den Erdnussdip: 1 Limette | 1 rote Chilischote | 1 Stück Ingwer (2 cm lang) | 100 g Erdnussmus | 1 EL Ahornsirup | 1 EL Sojasauce

Für 4 Personen | 25 Min. Zubereitung | 12 Std. Einweichen | 2 Std. Garen
Pro Portion ca. 575 kcal, 24 g E, 27 g F, 56 g KH

1 Mungbohnen in reichlich kaltem Wasser 12 Std. einweichen. Abgießen und abtropfen lassen. In reichlich Salzwasser zugedeckt ca. 1,5–2 Stunden kochen. Abgießen und abtropfen lassen.

2 Linsen in 200 ml Salzwasser in ca. 15 Min. gar kochen. Inzwischen Paprikaschoten halbieren, Kerne und weiße Trennwände entfernen, Hälften waschen und in Streifen schneiden. Avocado halbieren, Kern entfernen. Fruchtfleisch herauslösen und in Streifen schneiden. Zitrone halbieren, auspressen und Avocado damit beträufeln. Kräuter waschen, trocken schütteln und Blätter von den Stielen zupfen.

3 Für den Dip die Limette halbieren und auspressen. Chilischote halbieren, Kerne entfernen. Hälften waschen und klein hacken. Ingwer schälen und fein hacken. Limettensaft, Chili, Ingwer, Erdnussmus und Ahornsirup mit 50 ml Wasser gut verrühren. Den Dip mit Sojasauce vorsichtig abschmecken.

4 Mungbohnen, Linsen und Kräuter vermischen. Einen tiefen Teller mit Wasser füllen und ein feuchtes Geschirrtuch auf der Arbeitsfläche ausbreiten. Ein Blatt Reispapier in das Wasser tunken und auf das Geschirrtuch legen. In die Mitte des Blattes horizontal einen Streifen aus ca. 2 ½ EL Linsen-Bohnen-Masse setzen, Paprika- und Avocadostreifen darauf verteilen. Den unteren und die seitlichen Ränder des Reispapiers über die Füllung schlagen und alles sehr eng aufrollen.

5 Sommerrollen mit dem Erdnussdip servieren.

FÜR EILIGE

Wenn Ihnen die Zeit zum Einweichen der Mungbohnen fehlt, können Sie für das Rezept auch 200 Gramm gegarte Kichererbsen aus der Dose verwenden.

Eiweiß im Doppelpack

SÜSSLUPINEN-AMARANT-NOCKEN MIT GEMÜSE

Für die Nocken: 100 g grob geschrotete Süßlupinenkerne (Naturkostladen) | 1 Bund Schnittlauch | 2 Eier (M) | Salz | 50 g Parmesan | 20 g gepuffter Amarant | 1 EL Süßlupinenmehl (Naturkostladen) | frisch geriebene Muskatnuss | Pfeffer | 3 EL Olivenöl

Für das Auberginen-Gemüse: 1 Aubergine | 1 Knoblauchzehe | 4 EL Olivenöl | 1 EL Tomatenmark | 1 Dose stückige Tomaten (400 g) | 1 Dose weiße Bohnen (Abtropfgewicht 240 g) | 1 TL getrockneter Oregano | Salz | Pfeffer

Für 4 Personen | 40 Min. Zubereitung
Pro Portion ca. 425 kcal, 25 g E, 27 g F, 16 g KH

1 Süßlupinenkerne abspülen, in eine Schüssel geben, mit 400 ml kochendem Wasser übergießen und ca. 20 Min. quellen lassen. Restliches Wasser abgießen.

2 Inzwischen für das Gemüse Aubergine waschen und klein würfeln. Knoblauchzehe schälen und fein hacken. Öl in einem großen Topf erhitzen, Knoblauch darin anschwitzen. Aubergine zugeben und 3–4 Min. anbraten. Tomatenmark einrühren, Tomatenstücke zugeben und 10 Min. köcheln lassen. Bohnen abgießen, abspülen und abtropfen lassen. Bohnen und Oregano in den Topf geben und weitere 5 Min. köcheln lassen. Mit Salz und Pfeffer abschmecken.

3 Für die Nocken Schnittlauch waschen, trocken schütteln und in Röllchen schneiden. Eier trennen. Eiweiße mit 1 Prise Salz steif schlagen. Parmesan fein reiben. Eigelbe, Parmesan, Süßlupinenkerne, Amarant, Schnittlauch und Süßlupinenmehl vermischen. Eischnee unterheben. Kräftig mit Muskatnuss, Salz und Pfeffer würzen.

4 Öl in einer Pfanne erhitzen. Mit einem Esslöffel aus der Masse 16 Nocken abstechen, in die Pfanne geben und von allen Seiten in 4–5 Min. goldbraun braten.

5 Die Nocken auf das Auberginen-Bohnen-Gemüse setzen und servieren.

Kommt auch bei Kindern an

VEGGIE-BURGER MIT LINSENBRATLINGEN

Für die Linsenbratlinge: 80 g Berglinsen | Salz | 1 kleine Zwiebel | 1 Knoblauchzehe | 1 rote Spitzpaprika | 3 EL Olivenöl | Pfeffer | ½ Bund Petersilie | 3–4 EL Kichererbsenmehl | ½ TL Paprikapulver

Für die Schafskäsecreme: 50 g Schafskäse | 2 EL schwarze Oliven (entsteint) | 200 g Joghurt (ersatzweise Sojaghurt) | ½ TL gemahlener Kreuzkümmel | 1 TL Olivenöl | 1 EL Apfelessig | Salz | Pfeffer

Für die Burger: 4 Burger-Brötchen oder Ciabatta-Brötchen | 80 g Rucola | 2 Tomaten | ¼ Gurke

Für 4 Personen | 40 Min. Zubereitung
Pro Portion ca. 485 kcal, 19 g E, 21 g F, 53 g KH

1 Für die Bratlinge Berglinsen in 250 ml leicht gesalzenem Wasser aufkochen und bei kleiner Hitze ca. 30 Min. köcheln lassen. Abgießen, abtropfen und abkühlen lassen.

2 Inzwischen Zwiebel und Knoblauchzehe schälen und fein hacken. Paprikaschote halbieren, Kerne und Trennwände entfernen. Hälften waschen und klein würfeln. 1 EL Öl in einer Pfanne erhitzen, Zwiebel und Knoblauch darin anschwitzen. Paprika zugeben und 5–6 Min. anbraten. Salzen, pfeffern und abkühlen lassen.

3 Petersilie waschen, trocken schütteln und klein hacken. Mit Linsen, Paprikagemüse und Kichererbsenmehl verrühren. Alles mit Paprikapulver, Salz und Pfeffer würzen. Aus der Masse vier Bratlinge formen. Restliches Olivenöl in der Pfanne erhitzen und Bratlinge auf beiden Seiten jeweils 4–5 Min. braten.

4 Für die Creme den Schafskäse mit einer Gabel zerdrücken, Oliven klein hacken. Joghurt mit Kreuzkümmel, Öl und Essig verrühren. Oliven und Schafskäse zugeben. Mit Salz und Pfeffer abschmecken.

5 Brötchen halbieren und Schnittfläche leicht anrösten. Rucola waschen, trocken schütteln und in mundgerechte Stücke zupfen. Tomaten und Gurke waschen und in Scheiben schneiden.

6 Für die Burger die untere Hälfte der Brötchen mit der Creme bestreichen, Rucola darauf verteilen. Bratling, Tomaten und Gurke daraufsetzen und mit der oberen Hälfte zudecken.

FÜR DIE GARTENPARTY

Die Bratlinge eignen sich auch zum Grillen.

Schmeckt nach Mexiko

VOLLKORN-TACOS MIT ERBSEN-GUACAMOLE

Für die Tacos: 150 g Vollkorn-Dinkelmehl | 150 g Weizenmehl | 1 TL Salz
Für die Erbsen-Guacamole: 200 g TK-Erbsen | Salz | 2 reife Avocados | ½ Bund Koriandergrün | 2 Limetten | ½ TL gemahlener Kreuzkümmel | Pfeffer
Für die Füllung: 1 gelbe, 1 orangefarbene und 1 rote Paprika | 50 g Sprossen (z. B. Radieschensprossen, ersatzweise Kresse)
Außerdem: Mehl für die Arbeitsfläche, Olivenöl zum Braten

Für 4 Personen | 40 Min. Zubereitung
Pro Portion ca. 590 kcal, 16 g E, 32 g F, 58 g KH

1 Für die Tacos beide Mehlsorten mit dem Salz vermischen. 240 ml Wasser zufügen und mit den Händen zu einem glatten und geschmeidigen Teig verarbeiten. Gegebenenfalls noch etwas Wasser zufügen. Teig in Folie gewickelt 15 Minuten kühl stellen.

2 Inzwischen für die Guacamole Erbsen in Salzwasser blanchieren, abgießen und abtropfen lassen. Avocados halbieren, den Kern entfernen und das Fruchtfleisch mit einem Löffel herauslösen. Koriander waschen, trocken schütteln und fein hacken. Limetten halbieren und auspressen. Erbsen und Avocados mit dem Stabmixer zu einer groben Masse pürieren. Koriandergrün unter die Erbsen-Avocado-Masse rühren und mit Limettensaft, Kreuzkümmel, Salz und Pfeffer abschmecken.

3 Den Teig in acht gleich große Stücke teilen. Auf einer bemehlten Arbeitsfläche jedes Stück rund mit einem Durchmesser von 12–15 cm ausrollen. Eine beschichtete Pfanne mit etwas Olivenöl ausstreichen und die Tacos nacheinander von beiden Seiten 2–3 Minuten braten.

4 Paprikaschoten halbieren, Kerne und weiße Trennwände entfernen, die Hälften waschen und in dünne Streifen schneiden.

5 Die Tacos mit der Erbsen-Guacamole bestreichen. Mit Paprikastreifen und Sprossen belegen, zusammenklappen und sofort servieren.

EIWEISS TO GO – SALATE & SNACKS FÜR UNTERWEGS

Die folgenden proteinreichen Rezepte eignen sich für den kleinen Hunger zwischendurch ebenso wie als leichte Abendgerichte. Außerdem sind sie perfekt zum Mitnehmen für eine gesunde und bekömmliche Mahlzeit unterwegs oder im Büro. Die einfachen Gerichte lassen sich gut vorbereiten und in einem Glas oder einer Plastikdose transportieren. Die Basis sind Hülsenfrüchte wie Linsen, Bohnen oder Kichererbsen sowie verschiedene Getreideprodukte wie Quinoa, Reis oder Buchweizen-Spaghetti. Knackige Salate, kräftig buntes Gemüse und frische Kräuter liefern ein Plus an wichtigen Antioxidantien. Garant für eine gute Omega-3-Versorgung sind hochwertige pflanzliche Öle wie Walnussöl, Rapsöl, Leinöl oder Hanföl. Und für den schnellen Griff in die Schreibtischschublade oder Handtasche gibt es Knusperriegel und Energiekugeln.

Indisch inspiriert

MUNGBOHNEN-ZUCCHINO-PUFFER

180 g Mung Dal (geschälte und halbierte Mungbohnen; Asienladen) | ¼ TL gemahlene Kurkuma | ¼ TL Cayennepfeffer | ½ TL Kreuzkümmel | 1 TL Salz | 1 Zucchino | 2 Frühlingszwiebeln | ½ Bund Koriandergrün | 2 EL geschälte Hanfsamen

Außerdem: Rapsöl zum Braten

Für 4 Personen (8 Puffer) | 20 Min. Zubereitung | mind. 6 Std. Einweichen
Pro Portion ca. 235 kcal, 14 g E, 6 g F, 30 g KH

1 Mung Dal in reichlich kaltem Wasser 6–7 Std. einweichen. Abgießen und abtropfen lassen.

2 Bohnen mit Kurkuma, Cayennepfeffer, Kreuzkümmel, Salz und 125 ml Wasser in einem Blender oder Standmixer pürieren, bis ein glatter, dickflüssiger Teig entstanden ist.

3 Zucchino waschen, putzen und grob raspeln. Die Frühlingszwiebeln putzen, dabei Wurzeln und welke Teile entfernen. Die Zwiebeln in feine Ringe schneiden. Koriander waschen, trocken schütteln, von den Stängeln zupfen und grob hacken. Gemüse, Kräuter und Hanfsamen unter den Teig rühren.

4 In einer beschichteten Pfanne Öl erhitzen. Den Teig gut durchrühren und 8 handtellergroße Puffer von beiden Seiten 4–6 Min. backen.

DAS PASST DAZU

Sie können die Puffer bei 100 Grad im Backofen zwischen zwei Tellern warm halten. Gut dazu passt beispielsweise die Schafskäsecreme mit Oliven von Seite 90 und der Kräuter-Sauerrahm-Dip von Seite 99. Oder probieren Sie doch einmal den Bunten Bohnensalat mit jungem Mangold von Seite 103 als Begleitung.

Bunt & lecker

RISI-BISI MIT SOJABOHNEN UND MAIS

100 g Sojabohnen | Salz | 150 g Basmati-Vollkornreis | 1 Zwiebel | 2 EL Olivenöl | 50 g TK-Erbsen | 100 g Mais (aus der Dose) | 50 g Parmesan | Pfeffer

Für 4 Personen | 45 Min. Zubereitung | mind. 8 Std. Einweichen
Pro Portion ca. 375 kcal, 19 g E, 15 g F, 41 g KH

1 Sojabohnen in kaltem Wasser 8–12 Stunden einweichen. Abgießen und abtropfen lassen.
2 Sojabohnen in ca. 30 Min. in reichlich Salzwasser garen. Abgießen und abtropfen lassen. Gleichzeitig Reis in reichlich Salzwasser in 35–40 Min. gar kochen, dann abseihen.
3 Inzwischen Zwiebel schälen und klein würfeln. Öl erhitzen. Zwiebel darin glasig dünsten, Erbsen zugeben und 5 Min. dünsten.
4 Mais, Sojabohnen und Reis zugeben und gut vermischen. Parmesan reiben und unterrühren. Mit Salz und Pfeffer abschmecken.

▲

Extra viele Vitamine

RIESENBOHNENSALAT MIT ORANGEN UND SPROSSEN

200 g weiße Riesenbohnen | Salz | 3 EL Pinienkerne | 125 g Rucola | 2 Orangen | 50 g gemischte Sprossen (z. B. Alfalfa, Radieschen)
Für das Orangen-Dressing: 1 Orange | 4 EL Olivenöl | 3 EL Weißweinessig | 1 EL Honig | 1 TL Dijonsenf | Salz | Pfeffer

Für 4 Personen | 15 Min. Zubereitung | mind. 8 Std. Einweichen | 90 Min. Garen
Pro Portion ca. 395 kcal, 18 g E, 18 g F, 38 g KH

1 Riesenbohnen in reichlich kaltem Wasser 8–12 Std. einweichen. Abgießen, abspülen und abtropfen lassen.
2 Bohnen in Salzwasser 60–90 Min. zugedeckt garen. Abgießen und abtropfen lassen.
3 Pinienkerne in einer Pfanne ohne Fett rösten. Rucola waschen, trocken schütteln und in mundgerechte Stücke zupfen. Orangen schälen und filetieren.
4 Für das Dressing Orange halbieren und auspressen. Orangensaft mit den restlichen Zutaten verquirlen.
5 Bohnen, Rucola, Orangenfilets und Sprossen vorsichtig vermischen. Mit Dressing beträufeln und mit Pinienkernen bestreuen.

▸ **siehe Foto Seite 92**

Reich an Ballaststoffen

KÜRBIS-DINKEL-SALAT MIT EDAMAME

200 g Dinkel | 750 ml Gemüsebrühe | 1 Zwiebel | 300 g Hokkaido-Kürbis | 6 EL Olivenöl | Salz | Pfeffer | 1 Dose Edamame (Abtropfgewicht 140 g, Naturkostladen) | ½ Zitrone | 2 EL Aceto balsamico | 1 TL Honig | 4 Salbeiblätter | 50 g Haselnüsse

Für 4 Personen | 40 Min. Zubereitung | 12 Std. Einweichen
Pro Portion ca. 470 kcal, 14 g E, 26 g F, 45 g KH

1 Dinkel in einem Sieb unter fließendem Wasser waschen. In kaltem Wasser 12 Std. einweichen. Abgießen und abtropfen lassen.

2 Gemüsebrühe und Dinkel in einem Topf aufkochen. Zugedeckt bei kleiner Hitze in ca. 30 Min. bissfest garen. Gelegentlich umrühren, bei Bedarf Wasser zufügen. Kalt abbrausen und abkühlen lassen.

3 Inzwischen Zwiebel schälen und fein würfeln. Kürbis waschen, entkernen und in ca. 1 cm große Würfel schneiden. 2 EL Öl erhitzen, Zwiebeln darin glasig anschwitzen. Kürbis zugeben und 6–8 Min. anbraten. Salzen und pfeffern.

4 Edamame abspülen und abtropfen lassen. Zitrone auspressen. Restliches Öl mit Zitronensaft, Essig, Honig, Salz und Pfeffer verrühren. Dinkel, Kürbis und Edamame vermischen, Dressing unterrühren. Salbeiblätter waschen, trocken schütteln und in feine Streifen schneiden. Haselnüsse grob hacken. Salbei unterrühren und Nüsse darüberstreuen. Den Dinkelsalat vor dem Servieren noch etwas durchziehen lassen.

LAUWARM ODER KALT

Den Dinkelsalat können Sie noch lauwarm genießen. Wenn Sie ihn mitnehmen wollen, schmeckt er aber auch kalt sehr gut.

Kaiserlicher Reisgenuss

SCHWARZER REISSALAT MIT LIMETTEN-VINAIGRETTE

250 g schwarzer Reis | Salz | 200 g Kaiserschoten | 60 g Pistazienkerne | 2 Avocados
Für die Limetten-Vinaigrette: 1 Limette | 3 Stiele Minze | 2 EL Reisessig (ersatzweise Weißweinessig) | 6 EL Sesamöl | 2 EL Ahornsirup

Für 4 Personen | 1 Std. Zubereitung
Pro Portion ca. 725 kcal, 12 g E, 52 g F, 51 g KH

1 Reis in reichlich Salzwasser ca. 45 Min. bei kleiner Hitze köcheln lassen. Abgießen und abtropfen lassen. Abkühlen lassen.

INFO

DER REIS DES KAISERS

Schwarzer Reis kommt ursprünglich aus China und war dort einst nur dem Kaiser vorbehalten. Inzwischen wird er auch im italienischen Piemont angebaut. Der nussig schmeckende Reis enthält alle wertvollen Inhaltsstoffe, da er nicht geschliffen wird. Die schwarze Farbe, eine natürliche Pigmentierung der Außenschicht, ist auch optisch ein Genuss.

2 Inzwischen Kaiserschoten waschen und gegebenenfalls harte Fäden ziehen. In kochendem Salzwasser 3 Min. blanchieren, abgießen und abschrecken. Pistazien grob hacken.

3 Für die Vinaigrette Limette halbieren und auspressen. Minze waschen, trocken schütteln, Blätter abzupfen und in dünne Streifen schneiden. Limettensaft mit Essig, Öl, Ahornsirup und Minze vermischen.

4 Reis mit Vinaigrette und Kaiserschoten mischen. Avocados halbieren, Kern entfernen und Fruchtfleisch mit einem Löffel herauslösen. Das Fruchtfleisch in Spalten schneiden und auf dem Reissalat verteilen. Mit Pistazien bestreuen.

VARIANTE

Sie können den Salat auch mit Knackerbsen, einer Mischung aus Erbsen und Kaiserschoten, zubereiten. Knackerbsen können mit Hülsen gegessen werden.

Frisch & vitaminreich

FATTOUSH – ARABISCHER SALAT MIT AZUKIBOHNEN

100 g Azukibohnen | Salz | 4 Pita-Brote | 2 Mini-Römersalat | 2 Tomaten | ½ Salatgurke | 2 Frühlingszwiebeln | 4 Stiele Minze | ½ Bund Petersilie | 1 Granatapfel | 100 g gegarte Kichererbsen (aus der Dose)

Für das Dressing: 1 Knoblauchzehe | 1 Zitrone | 4 EL Olivenöl | 2 EL Aceto balsamico bianco | 1 TL Honig | ½ TL gemahlener Kreuzkümmel | ½ TL gemahlener Koriander | Salz | Pfeffer

Für 4 Personen | 1 Std. Zubereitung | mind. 8 Std. Einweichen
Pro Portion ca. 444 kcal, 14 g E, 12 g F, 67 g KH

1 Azukibohnen 8–12 Std. in reichlich Wasser einweichen, dann abgießen und abtropfen lassen. Mit frischem Salzwasser in 50–60 Min. gar kochen. Erneut abgießen und abtropfen lassen.

2 Inzwischen Backofen auf 180° vorheizen. Ein Backblech mit Backpapier auslegen. Pita-Brote auf das Backpapier legen und 3–5 Minuten backen, bis sie knusprig sind. Aus dem Backofen nehmen und in mundgerechte Stücke brechen.

3 Römersalat putzen, waschen und klein zupfen. Tomaten waschen, halbieren und den Stielansatz wegschneiden. Die Samen entfernen und die Tomaten klein würfeln. Gurke schälen, halbieren und ebenfalls die Samen entfernen. Gurke klein würfeln. Frühlingszwiebeln waschen, putzen und in Ringe schneiden. Minze und Petersilie waschen, trocken schütteln, die Blätter abzupfen und klein hacken. Granatapfel halbieren und die Kerne herauslösen. Kichererbsen in einem Sieb unter fließendem Wasser abspülen und abtropfen lassen.

4 Für das Dressing Knoblauchzehe schälen und fein hacken. Zitrone halbieren und auspressen. Knoblauch und Zitronensaft mit den restlichen Zutaten in einer Schüssel verquirlen.

5 Alle Zutaten bis auf das Pita-Brot mit dem Dressing vermischen. Den Salat auf Teller aufteilen und mit dem gerösteten Pita-Brot servieren.

Mit frischen Früchten

BELUGALINSENSALAT MIT APFEL UND SCHAFSKÄSE

250 g Belugalinsen | Salz | 2 EL Kürbiskerne | 2 Äpfel | 125 g Feldsalat | 200 g Schafskäse (Feta)

Für das Dressing: 4 EL Olivenöl | 6 EL Aceto balsamico bianco | 2 TL Dijonsenf | 2 EL Preiselbeermarmelade (ersatzweise Johannisbeergelee) | Salz | Pfeffer

Für 4 Personen | 30 Min. Zubereitung
Pro Portion ca. 515 kcal, 26 g E, 24 g F, 46 g KH

1 Linsen abspülen und in 750 ml leicht gesalzenem Wasser ca. 30 Min. köcheln lassen.

2 Inzwischen Kürbiskerne in einer Pfanne ohne Fett rösten. Äpfel waschen, halbieren, Kerngehäuse entfernen und in Spalten schneiden. Feldsalat waschen, verlesen und trocken schütteln. Schafskäse grob zerbröseln.

3 Für das Dressing alle Zutaten verquirlen und den Schafskäse unterrühren. Feldsalat auf vier Tellern anrichten. Linsen, Apfelspalten und Kürbiskerne darüber verteilen. Mit Dressing beträufeln und servieren.

VARIANTE

Wählen Sie für den Linsensalat frische saisonale Früchte: Probieren Sie das Rezept auch einmal mit Orangenfilets, Pfirsichspalten oder geviertelten Erdbeeren aus.

Imbiss der Extraklasse

FALAFEL-TALER MIT HARISSA-JOGHURT-DIP

Für die Falafel: 250 g getrocknete Kichererbsen | 1 Zwiebel | 2 Knoblauchzehen | ½ Bund Petersilie | ½ Bund Koriandergrün | 1 Bio-Zitrone | 1 TL gemahlener Kreuzkümmel | 1 TL gemahlener Koriander | 1 TL Paprikapulver | 2 TL Salz
Für den Dip: ½ Bund Petersilie | ½ Bund Koriandergrün | 250 g Joghurt | 150 g Sauerrahm | 1 EL Harissa (scharfe Würzpaste) | ½ TL gemahlener Kreuzkümmel | 1 TL Agavendicksaft | Salz | Pfeffer
Außerdem: Olivenöl zum Bestreichen

Für ca. 16 Stück | 20 Min. Zubereitung | 12 Std. Einweichen | 25 Min. Backen
Pro Stück ca. 80 kcal, 4 g E, 3 g F, 9 g KH

1 Kichererbsen in kaltem Wasser 12 Std. einweichen. Abgießen und abtropfen lassen.

2 Zwiebel und Knoblauchzehen schälen und grob klein schneiden. Kräuter waschen, trocken schütteln und grob hacken. Kichererbsen in einen Blender oder Standmixer füllen. Zwiebel, Knoblauch und Kräuter dazugeben und alles so fein wie möglich zerkleinern.

3 Zitrone heiß abspülen, Schale abreiben. Die Hälfte der Schale zu den Kichererbsen geben. Den Rest beiseitestellen. Gewürze zur Falafel-Masse geben, alles gut mischen und abgedeckt kühl stellen.

4 Backofen auf 190° vorheizen. Zwei Backbleche mit Backpapier auslegen. Für den Dip Kräuter waschen, trocken schütteln und fein hacken. Mit den restlichen Zutaten inklusive restlichem Zitronenabrieb mischen, ebenfalls kühl stellen.

5 Für die Taler je 1 gehäuften EL der Masse auf das Backpapier geben und glatt streichen. Mit Olivenöl bestreichen und 20–25 Min. backen. Nach der Hälfte der Zeit wenden, wieder mit Olivenöl bestreichen und fertig backen. Falafel-Taler mit Harissa-Dip servieren.

STILECHT GENIESSEN

Füllen Sie die Falafel-Taler mit Zwiebelringen, Salatblättern, Tomaten- und Gurkenscheiben sowie dem Harissa-Dip in ein halb aufgeschnittenes Fladenbrot. Dazu passt auch der Süßkartoffel-Hummus von Seite 59.

◀

Ballaststoffreiche Sattmacher

QUINOA-SÜSSLUPINEN-BRATLINGE MIT ROTER BETE

Für die Bratlinge: 200 g Quinoa | 450 ml Gemüsebrühe | 50 g grob geschrotete Süßlupinenkerne | 1 Bund Koriandergrün | 50 g Mais (aus der Dose) | 1 EL geschroteter Leinsamen | 3 EL Semmelbrösel | 1 EL Chia-Samen | ½ TL gemahlener Kreuzkümmel | ½ TL gemahlener Koriander | Salz | Pfeffer

Für den Dip: 2 vorgekochte Rote Beten (ca. 250 g) | 1 Stück Ingwer (2 cm lang) | 1 Limette | 200 g Seidentofu | 3 EL Hanföl | Salz | Pfeffer

Für 12 Bratlinge | 1 Std. Zubereitung
Pro Stück ca. 145 kcal, 6 g E, 5 g F, 17 g KH

1 Quinoa in einem Sieb unter fließendem heißem Wasser abspülen. Mit Gemüsebrühe aufkochen und 15 Min. bei kleiner Hitze köcheln. Zugedeckt 5 Min. ausquellen lassen.

2 Süßlupinenkerne abspülen, in eine Schüssel geben, mit 200 ml kochendem Wasser übergießen und ca. 20 Min. quellen lassen. Restliches Wasser abgießen.

3 Backofen auf 200° vorheizen. Backblech mit Backpapier auslegen. Koriandergrün waschen, trocken schütteln und klein hacken. Mais abgießen, abspülen und abtropfen lassen. Leinsamen mit 3 EL Wasser verrühren.

4 Quinoa, Süßlupinenkerne, Koriander, Mais, Leinsamen, Semmelbrösel, Chia-Samen und Gewürze gut vermischen. Zwölf Bratlinge formen und auf das Backpapier legen.

5 Im Backofen auf der mittleren Schiene 30 Min. backen, nach der Hälfte der Zeit die Bratlinge wenden.

6 Inzwischen für den Dip Rote Beten grob zerkleinern. Ingwer schälen und fein hacken. Limette auspressen. Rote Beten, Ingwer, Limettensaft, Seidentofu und Öl mit einem Pürierstab pürieren. Salzen und pfeffern.

7 Quinoa-Süßlupinen-Bratlinge mit Rote-Bete-Dip servieren.

Einladendes Farbspiel

TRICOLORE-QUINOA-SALAT

100 g Schwarzaugenbohnen (ersatzweise weiße Bohnen) | Salz | 200 g bunte Quinoa (rot, weiß, schwarz) | 450 ml Gemüsebrühe | 1 rote Zwiebel | 300 g bunte Tomaten (gelb, rot) | 1 Bund Basilikum | 50 g Kürbiskerne | 3 EL Olivenöl | 2–3 EL Apfelessig | Pfeffer | 100 g gemischte Sprossen (z. B. Linsen, Rettich)

Für 4 Personen | 20 Min. Zubereitung | 12 Std. Einweichen | 2 Std. Garen
Pro Portion ca. 370 kcal, 14 g E, 16 g F, 40 g KH

1 Bohnen 12 Stunden in reichlich kaltem Wasser einweichen. Abgießen und abspülen. Bohnen in reichlich Salzwasser zugedeckt in ca. 2 Std. garen. Nochmals abgießen und abtropfen lassen.

2 Quinoa in einem Sieb unter fließendem heißem Wasser abspülen. Dann mit Gemüsebrühe einmal aufkochen und 15 Min. bei kleiner Hitze köcheln. Zugedeckt 5 Min. ausquellen lassen. Zum Abkühlen beiseitestellen.

3 Zwiebel schälen und in Ringe schneiden. Tomaten waschen, halbieren, von grünen Stielansätzen befreien und in Viertel schneiden. Basilikum waschen, trocken schütteln. Blätter vom Stiel zupfen und in feine Streifen schneiden.

4 Quinoa, Bohnen, Tomaten, Kürbiskerne und Zwiebel vorsichtig mischen. Mit Öl, Essig, Salz und Pfeffer würzen. Mit Basilikum und Sprossen bestreut servieren.

Partytauglich

SOBANUDEL-FENCHEL-SALAT MIT TAHIN-DRESSING

200 g Sobanudeln (Buchweizen-Spaghetti; Biosupermarkt) | Salz | 2 kleine Knollen Fenchel | 3 EL Sesamöl | Pfeffer | 1 Dose Wachtelbohnen (ersatzweise Borlotti-Bohnen; Abtropfgewicht 240 g) | 1 Bund Radieschen

Für das Dressing: 1 Zitrone | 1 kleine Knoblauchzehe | 1 Stück Ingwer (1 cm lang) | 50 g Tahin (Sesampaste) | 1 EL Ahornsirup | Salz

Für 4 Personen | 20 Min. Zubereitung
Pro Portion ca. 420 kcal, 15 g E, 17 g F, 49 g KH

1 Sobanudeln in leicht gesalzenem Wasser 5 Min. kochen. Abgießen, abschrecken und abtropfen lassen.

2 Fenchel waschen, das Grün abschneiden und beiseitelegen. Fenchel längs in Scheiben hobeln. Öl in einer Pfanne erhitzen und Fenchel darin in 4–5 Min. bissfest braten. Salzen und pfeffern. Abkühlen lassen.

3 Wachtelbohnen abgießen, abspülen und abtropfen lassen. Radieschen waschen, putzen und in Scheiben hobeln.

4 Für das Tahin-Dressing die Zitrone halbieren und auspressen. Knoblauchzehe und Ingwer schälen und fein hacken. Zitronensaft, Knoblauch, Ingwer, Tahin, Ahornsirup und 50 ml Wasser gut verrühren. Mit Salz abschmecken.

5 Sobanudeln mit Fenchel, Bohnen und Radieschen vorsichtig vermischen. Mit Tahin-Dressing beträufeln. Fenchelgrün grob hacken und darüberstreuen.

VARIANTE

Probieren Sie statt Sobanudeln für diesen Salat auch einmal Vollkorn-Pasta oder Linsennudeln aus dem Biosupermarkt.

Ballaststoffe & Chlorophyll

BUNTER BOHNENSALAT MIT JUNGEM MANGOLD

100 g Azukibohnen | Salz | 1 Dose gemischte Bohnen (z. B. weiße Bohnen, Kidneybohnen, Kichererbsen; Abtropfgewicht 240 g) | 200 g junge Mangoldblätter (ersatzweise Baby-Blattspinat) | 2 Frühlingszwiebeln | 50 g Walnusskerne | 1 Bund Dill | 4 EL Walnussöl | 3 EL Apfelessig | 2 TL körniger Senf | Pfeffer

Für 4 Personen | 1 Std. Zubereitung | mind. 8 Std. Einweichen
Pro Portion ca. 310 kcal, 12 g, 19 g F, 20 g KH

1 Azukibohnen 8–12 Std. in reichlich Wasser einweichen, dann abgießen. Mit frischem Salzwasser in 50–60 Min. gar kochen. Abgießen und abtropfen lassen.

2 Dosen-Bohnen abgießen, abspülen und abtropfen lassen. Mangoldblätter waschen, verlesen und trocken schütteln. Frühlingszwiebeln putzen, dabei Wurzeln und welke Teile entfernen. Die Zwiebeln in feine Ringe schneiden. Walnusskerne grob hacken. Dill waschen, trocken schütteln und fein hacken.

3 Öl, Essig, Senf, Salz und Pfeffer verquirlen. Bohnen, Mangold, Frühlingszwiebeln und Walnüsse vorsichtig vermischen. Mit Dressing beträufeln und mit Dill bestreuen.

GESUND KOMBINIEREN

Servieren Sie den bunten Bohnensalat mit einem Fladenbrot aus Weizenmehl. Das erhöht die biologische Wertigkeit.

Ideal für zwischendurch

PROTEIN-ENERGIEKUGELN MIT SPIRULINA

120 g getrocknete Datteln (entsteint) | 100 g getrocknete Aprikosen | 110 g Mandeln | 30 g Cashewkerne | 30 g Kokosraspel | 1 EL Süßlupinenmehl (Naturkostladen) | 1 EL Spirulinapulver

Außerdem: Kokosraspel zum Wälzen

Für 30 Energiekugeln | 20 Min. Zubereitung | 15 Min. Kühlen

Pro Stück ca. 65 kcal, 2 g E, 4 g F, 5 g KH

1 Datteln und Aprikosen grob zerkleinern. Mit Mandeln und Cashewkernen in einen Blitzhacker oder eine Küchenmaschine geben und zu einer klebrigen Masse mixen.

2 Masse in eine Schüssel füllen. Kokosraspel, Süßlupinenmehl und Spirulinapulver zufügen und mit den Händen zu einem gebundenen Teig verarbeiten (am besten mit Einmalhandschuhen, da Spirulina abfärbt). 15 Min. kühl stellen.

3 Kokosraspel auf einem Teller verteilen. Aus der Masse mit den Händen walnussgroße Kugeln formen und in den Kokosraspeln wälzen.

INFO

SPIRULINA

Das grüne Algenpulver Spirulina ist ein Konzentrat aus wertvollem Eiweiß mit hochwertigen Aminosäuren. Weitere gesunde Inhaltsstoffe sind Chlorophyll, Vitamine, Mineralstoffe und Spurenelemente. Spirulina reguliert den Blutzuckerspiegel und ist deshalb ideal bei Heißhunger.

FÜR DEN VORRAT

Gekühlt sind die Energiekugeln etwa eine Woche haltbar. Sie können sie auch portionsweise tiefkühlen. Bei Bedarf einfach aus dem Tiefkühlfach nehmen, kurz auftauen lassen und genießen.

Schneller Eiweißkick

PROTEIN-KNUSPERRIEGEL MIT SÜSSLUPINE UND HANF

20 g grob geschrotete Süßlupinenkerne | 50 g Mandeln | 30 g Süßlupinenmehl | 300 g Fünfkorn-Flocken | 50 g Sesam | 40 g Hanfsamen | 250 g Honig | 80 ml Rapsöl | 1 EL Zimtpulver | Salz

Für 24 mittelgroße Riegel | 25 Min. Zubereitung | 20 Min. Backen
Pro Stück ca. 145 kcal, 3 g E, 7 g F, 17 g KH

1 Süßlupinenkerne abspülen. In einer Schüssel mit 300 ml kochendem Wasser übergießen und ca. 20 Min. quellen lassen. Restliches Wasser abgießen und die Kerne abtropfen lassen.

2 Backofen auf 180° vorheizen. Backblech mit Backpapier auslegen. Mandeln grob hacken.

3 Süßlupinenkerne- und mehl, Mandeln und alle anderen Zutaten gut vermengen. Masse auf einer Fläche von ca. 36 x 28 cm auf das Backpapier streichen und auf der mittleren Schiene im Backofen 18–20 Min. backen.

4 Aus dem Ofen nehmen, noch warm mit einem scharfen Messer in Riegel schneiden und abkühlen lassen.

Schoko-Genuss ohne Reue

SCHWARZE-BOHNEN-TRÜFFEL

100 g schwarze Bohnen | 160 g Zartbitter-Schokolade | 60 g Butter | 4 EL Kakaopulver | 4 EL Zucker | 1 EL Süßlupinenmehl (Naturkostladen)
Außerdem: Kakaopulver zum Wälzen

Für 25 Trüffel | 30 Min. Zubereitung | 12 Std. Einweichen | 2 Std. Garen | mind. 3 Std. Kühlen
Pro Stück ca. 94 kcal, 3 g E, 6 g F, 7 g KH

1 Bohnen 12 Std. in reichlich Wasser einweichen. Dann mit frischem Wasser in ca. 2 Std. gar kochen. Abgießen und abtropfen lassen.

2 Schokolade und Butter im Wasserbad schmelzen lassen.

3 Bohnen, Kakaopulver und Zucker mit dem Pürierstab pürieren. Schokoladen-Butter-Masse und Süßlupinenmehl unterrühren und 3–4 Std. kühl stellen.

4 Kakaopulver auf einem Teller verteilen. Mit einem Teelöffel etwas Masse abstechen und walnussgroße Trüffel formen. In Kakaopulver wälzen. Trüffel kühl lagern.

GESUND & FIT MIT GRÜNEN PROTEINEN

MIT GEZIELTEN YOGA-ÜBUNGEN UND POWERFOOD AUS GRÜNEN PROTEINEN VERBESSERN SIE GANZ ENTSPANNT IHRE AUSDAUER, FÖRDERN DEN MUSKELAUFBAU UND STRAFFEN DIE FIGUR. STARTEN SIE DURCH UND GÖNNEN SIE SICH EINEN ENERGIESCHUB FÜR LEIB UND SEELE.

DAS 3-WOCHEN-PROGRAMM

Wer den besonderen Proteinkick für Figur und Fitness sucht, findet im folgenden 3-Wochen-Programm eine gesunde Alternative zu Eiweißpulver. Probieren Sie es einfach aus. Mit den Menüvorschlägen, die ich Ihnen aus dem Rezeptteil zusammengestellt habe, kommen Sie gesund, unkompliziert und genussvoll durch die drei Programmwochen. Und die dazu passenden Yoga-Übungen machen Sie fit für den ganzen Tag.

Die 3-Wochen-Formel

Die Reihe der Yoga-Übungen richtet sich an alle, die wieder mehr Bewegung in ihren Alltag bringen möchten. Egal ob Sie gerade erst mit Yoga beginnen oder schon Erfahrung haben, ob Sie eine stressige Zeit oder eine Erkältung hinter sich haben – mit diesen Übungssequenzen können Sie Schritt für Schritt neu durchstarten. Der Schlüssel zum Erfolg liegt darin, dass die Übungsreihe dreigeteilt ist: Sie starten in der ersten Woche mit einem sanften Einsteigerprogramm. In der zweiten Woche ergänzen Sie die drei Übungen der ersten Woche um weitere drei Übungen und bauen das Programm zu einer gezielten Trainingseinheit aus. In der dritten Woche sind Sie dann fit und flexibel genug, um die letzten drei Übungen integrieren zu können. Im Idealfall nehmen Sie sich jeden zweiten Tag Zeit für eine Trainingseinheit. So können Sie die Übungen gezielt einsetzen, um Ihre Figur auf sanfte Art zu straffen und zu formen.

Einstimmung

Bevor Sie mit dem Übungsprogramm beginnen, legen Sie sich eine Matte auf dem Boden zurecht. Beginnen Sie im Sitzen leicht erhöht auf einem Kissen oder einer gefalteten Decke und schließen Sie die Augen. Atmen Sie möglichst durch die Nase. Beobachten Sie etwa 5 Minuten lang still ihren Atem und nehmen Sie dabei wahr, wie er sich mit der Zeit beruhigt und vertieft.

Endentspannung (Shavasana)

Beenden Sie jede Übungsreihe mit der Endentspannung (Shavasana). Legen Sie sich dazu mit ausgestreckten Armen und Beinen bequem auf den Rücken und schließen Sie die Augen. Tauchen Sie für etwa 5 Minuten in die Entspannung ein und lassen Sie Ihren Atem ruhig fließen.

Ausdauertraining

Kombinieren Sie die Yoga-Praxis am besten mit einem regelmäßigen Ausdauertraining. So kurbeln Sie Ihren Stoffwechsel effizient an. Für den Ausdauersport haben Sie verschiedene Möglichkeiten:
Je nachdem ob Sie lieber im Fitnessstudio, alleine oder in der Gruppe trainieren, können Sie Sportarten wie Laufen, Aerobic, Nordic Walking, Schwimmen oder Radfahren wählen. Alle zeichnen sich dadurch aus, dass sie Herz und Kreislauf anregen. Der Sauerstoffgehalt im Blut wird erhöht, Ihre Kondition wird gesteigert und Ihr Wohlbefinden nimmt zu.

INFO

ANLEITUNG ZUM ÜBEN

- Bei Schmerzen der Wirbelsäule und Gelenke, bei anderen körperlichen Beschwerden oder im Fall einer Schwangerschaft sollten Sie vorher Ihren Arzt fragen, welche Übungen Sie machen dürfen.
- Bleiben Sie – unabhängig von den Atemangaben – jeweils nur so lange in einer Haltung, wie es sich für Sie gut anfühlt.
- Wenn es Ihnen guttut, können Sie nach jeder Übung eine kurze Entspannung im Liegen einlegen.

Woche 1 – Sanfter Einstieg im Liegen

Beginnen Sie Ihre Übungen immer im Sitzen mit der Einstimmung und beenden Sie die Reihe im Liegen mit der Endentspannung ▸ **siehe Seite 109**.

SCHULTERBRÜCKE-FLOW

- Legen Sie sich bequem auf den Rücken. Die gestreckten Arme liegen parallel zum Körper und die Handflächen zeigen nach unten.
- (1) Stellen Sie die Füße nahe dem Gesäß hüftbreit auf. Die Fußgelenke befinden sich unter den Knien.
- Drücken Sie die Füße kraftvoll in den Boden und heben Sie mit einer Einatmung das Becken und den Rücken. Achten Sie darauf, dass die Beine dabei parallel zueinander bleiben.
- (2) Führen Sie gleichzeitig die gestreckten Arme hinter den Kopf und kommen Sie so in die Schulterbrücke.
- Mit einer Ausatmung legen Sie das Becken und den Rücken wieder ab und die Arme zurück neben den Körper.

Zeitbedarf: Acht bis zehn Wiederholungen im Rhythmus Ihres Atems.

Wirkung: Kräftigt den gesamten Rücken, den Po und die Oberschenkel und macht die Wirbelsäule beweglicher.

BOOT-VARIATION

- Beginnen Sie wieder in der Rückenlage. Stellen Sie die Füße hüftbreit auf. Spreizen Sie die Zehen und drücken Sie die Füße in den Boden.
- Kreuzen Sie die Arme und umarmen Sie die unteren Rippen. Die Hände ziehen leicht zur Körpermitte.
- 3 Mit der Ausatmung drücken Sie den unteren Rücken gegen den Boden und heben Kopf und Schultern an. Der Nacken bleibt lang gestreckt.
- Mit der Einatmung langsam ablegen.

Zeitbedarf: Acht bis zehn Wiederholungen im Rhythmus Ihres Atems.
Wirkung: Kräftig die Bauchmuskulatur.

NADELÖHR

- Beginnen Sie in der Rückenlage. Stellen Sie die Füße hüftbreit auf.
- 4 Legen Sie das linke Fußgelenk über das rechte Knie. Heben Sie nun das rechte Bein und greifen Sie mit den Händen um die Rückseite des rechten Oberschenkels.
- Ziehen Sie das Bein mit jeder Einatmung langsam und sanft etwas näher zum Oberkörper heran.
- Mit der Ausatmung entspannen Sie den Nacken und die Schultern.

Zeitbedarf: Acht bis zehn Wiederholungen auf jeder Seite im Rhythmus Ihres Atems.
Wirkung: Dehnt Hüften, Oberschenkel, Po und Leisten. Entspannt den Rücken.

WOCHE 1 – REZEPTE

Starten Sie auch kulinarisch in Ihr 3-Wochen-Programm. In der ersten Woche gewöhnen Sie sich mit leicht verträglichen Getreidegerichten, kombiniert mit Hülsenfrüchten, an die neue Kost.

FRÜHSTÜCK

Chia-Pudding mit Mango, Ananas und Kokos ▸ **siehe Seite 65**

Süßkartoffel-Hummus mit geröstetem Sesam ▸ **siehe Seite 59**

MITTAG- UND ABENDESSEN

TAG 1:

Belugalinsensalat mit Apfel und Schafskäse ▸ **siehe Seite 98**

Hirse-Soufflé mit Kichererbsen ▸ **siehe Seite 81**

TAG 2:

Schwarzer Reissalat mit Limetten-Vinaigrette ▸ **siehe Seite 96**

Scharfer Bohnen-Kartoffel-Eintopf ▸ **siehe Seite 72**

TAG 3:

Fattoush – Arabischer Salat mit Azukibohnen ▸ **siehe Seite 97**
Rote Linsensuppe mit Kräuter-Mandel-Pesto ▸ **siehe Seite 71**

TAG 4:

Quinoa-Süßlupinen-Bratlinge mit Roter Bete ▸ **siehe Seite 100**
Emmer-Risotto mit Rucola und Manouri ▸ **siehe Seite 76**

TAG 5:

Risi-Bisi mit Sojabohnen und Mais ▸ **siehe Seite 94**
Süßkartoffeln mit schwarzen Bohnen ▸ **siehe Seite 77**

TAG 6:

Crostata mit Roter Bete, Kürbis und Kichererbsen ▸ **siehe Seite 80**
Brokkoli-Cashew-Crostini ▸ **siehe Seite 64**

TAG 7:

Aubergine mit Buchweizen auf Polenta ▸ **siehe Seite 78**
Riesenbohnensalat mit Orangen und Sprossen ▸ **siehe Seite 94**

Woche 2 – Gezielt trainieren

In der zweiten Woche ergänzen Sie das Gelernte um drei weitere Übungen.

KATZE-KUH

- Kommen Sie in den Vierfüßlerstand. Stellen Sie die Knie unter die Hüften und die Hände direkt unter die Schultergelenke. Spreizen Sie die Finger.
- 1 Mit der Einatmung biegen Sie den Rücken ins Hohlkreuz durch und schauen nach oben.
- Dann drücken Sie kraftvoll mit Knien und Handgelenken in den Boden und runden mit der Ausatmung den Rücken zum Katzenbuckel. Der Blick geht in Richtung Nabel. Der Atem führt die Bewegung.

Zeitbedarf: Acht bis zehn Wiederholungen.

KATZE-KUH-VARIATION

- Sie beginnen wieder im Vierfüßlerstand: Knie unter die Hüften, Hände unter die Schultergelenke. Spannen Sie die Bauchmuskulatur vorsichtig an.
- Strecken Sie nun mit einer Einatmung das linke Bein waagerecht nach hinten aus.
- Wenn sich das stabil und sicher anfühlt, strecken Sie zusätzlich den rechten Arm nach vorn aus.
- Ziehen Sie sich von den Fingerspitzen bis zu den Zehenspitzen in die Länge.
- 2 Mit einer Ausatmung machen Sie einen Katzenbuckel und ziehen das linke Knie und den rechten Ellbogen zueinander. Bewegen Sie das Kinn Richtung Brust, der Nacken bleibt lang.

Zeitbedarf: Acht bis zehn Wiederholungen im Rhythmus Ihres Atems auf beiden Seiten.

VIERFÜSSLERSTAND MIT GEHOBENEM BEIN

- ③ Kommen Sie in den Vierfüßlerstand. Stellen Sie die Knie unter die Hüften und die Hände direkt unter die Schultergelenke. Spreizen Sie die Finger. Bei empfindlichen Knien legen Sie eine Decke unter.
- Strecken Sie mit einer Einatmung das linke Bein nach hinten und beugen das Knie, bis etwa in einen rechten Winkel.
- ④ Die Fußsohle zeigt zur Decke und Sie ziehen den Unterbauch Richtung Wirbelsäule. Der Brustkorb öffnet sich weit und der Blick geht nach vorn.
- Bleiben Sie vier bis fünf Atemzüge in der Haltung und wechseln Sie dann die Seite.

Zeitbedarf: Vier bis fünf Wiederholungen. Beenden Sie auch diese Übungsreihe mit der Endentspannung.

Wirkung: Die Übungen der zweiten Woche unterstützen die Beweglichkeit der Wirbelsäule. Schulter- und Hüftgelenke werden mobilisiert. Der Rücken, die Beckenmuskulatur und der Beckenboden werden gekräftigt. Sie verbessern die Koordination und helfen Fettpölsterchen abzubauen.

TIPP

IN EILE?

Wenn einmal die Zeit fehlt, können Sie die Übungsserie der zweiten Woche auch ohne die Übungen der ersten Woche machen. Beginnen Sie dann im Sitzen mit der Einstimmung.

WOCHE 2 – REZEPTE

Sie sind nun schon etwas an die neue Kost gewöhnt und können die Menge an Hülsenfrüchten langsam steigern. Mittag- und Abendessen können Sie nach Belieben austauschen.

FRÜHSTÜCK

Birnen-Porridge mit Granatapfel
▸ siehe Seite 62

Süßlupinen-Möhren-Aufstrich mit Ingwer
▸ siehe Seite 63

MITTAG- UND ABENDESSEN

TAG 1:

Sobanudel-Fenchel-Salat mit Tahin-Dressing ▸ siehe Seite 102

Quinoa-Pilaw mit Tofu und Edamame
▸ siehe Seite 82

TAG 2:

Bunter Bohnensalat mit jungem Mangold
▸ siehe Seite 103

Grünkern-Süßlupinen-Chili ▸ siehe Seite 83

TAG 3:

Kürbis-Dinkel-Salat mit Edamame
▸ **siehe Seite 95**
Bohnen-Mais-Curry mit Tortillas
▸ **siehe Seite 75**

TAG 4:

Falafel-Taler mit Harissa-Joghurt-Dip
▸ **siehe Seite 99**
Kokos-Curry mit Tempeh ▸ **siehe Seite 84**

TAG 5:

Mungbohnen-Zucchino-Puffer
▸ **siehe Seite 93**
Bunte Hirsepfanne mit Sprossen
▸ **siehe Seite 85**

TAG 6:

Veggie-Burger mit Linsenbratlingen
▸ **siehe Seite 90**
Tricolore-Quinoa-Salat ▸ **siehe Seite 101**

TAG 7:

Sommerrollen mit scharfem Erdnussdip
▸ **siehe Seite 88**
Eiweiß-Körner-Brot (mit Aufstrich nach Wahl) ▸ **siehe Seite 68**

SMOOTHIES – EIWEISSKICK FÜR ZWISCHENDURCH

Smoothies mit proteinreichen pflanzlichen Zutaten versorgen unseren Körper einfach und schnell mit einer Extraportion Eiweiß. Probieren Sie es aus.

Wie wir inzwischen wissen, sind Proteine ein unverzichtbarer Bestandteil der menschlichen Ernährung. Sie unterstützen den Muskelaufbau, den Erhalt gesunder Knochen und einen aktiven Stoffwechsel.
Eine leichte Erhöhung der Eiweißmenge im Verhältnis zur Menge der Kohlenhydrate kann sinnvoll sein, um einen besseren Muskelaufbau zu erreichen. Dazu benötigen Sie keine teuren Eiweißdrinks. Mixen Sie sich stattdessen einen gesunden Proteinsmoothie oder naschen Sie einen der kleinen Energiesnacks von Seite 104/105. Für die Zubereitung der Smoothies brauchen Sie nicht mehr als circa 10 Minuten Zeit. Sie können sie morgens als Frühstück oder direkt nach dem Sport trinken.

GRÜNER PROTEINSMOOTHIE MIT HANF UND SPROSSEN

400 Gramm Galia- oder Cantaloupe-Melone schälen, entkernen und grob zerkleinern. 1 Banane schälen und klein schneiden. Eine halbe Zitrone auspressen. 100 Gramm Baby-Blattspinat waschen, verlesen und trocken schütteln.

Die so vorbereiteten Zutaten füllen Sie in einen Blender oder Standmixer. Fügen Sie 2 Esslöffel Hanfproteinpulver aus dem Biosupermarkt und 500 Milliliter kaltes Wasser hinzu und verarbeiten alles zu einer sämigen Masse. Verteilen Sie den Smoothie auf vier Gläser (je 250 Milliliter) und bestreuen Sie ihn mit Getreidesprossen – beispielsweise Buchweizen-, Hafer- oder Weizensprossen. Je nach Geschmack können Sie die Sprossen auch mitmixen.

SÜSSLUPINEN-HIMBEER-SMOOTHIE MIT BLÜTENPOLLEN

300 Gramm Himbeeren waschen und verlesen. Wenn Sie TK-Beeren verwenden, diese leicht antauen lassen. Füllen Sie dann die Beeren mit 400 Gramm Kokosmilch, 2 Esslöffel Süßlupinenmehl und 500 Milliliter kaltem Wasser in einen Blender oder Standmixer und verarbeiten Sie alles zu einer sämigen Masse. Nach Belieben können Sie den Smoothie mit Agavendicksaft süßen. Verteilen Sie den fruchtigen Smoothie auf vier Gläser (je 250 Milliliter) und dekorieren Sie ihn mit frischen Himbeeren. Zum Schluss streuen Sie auf jeden Smoothie noch etwa 1 Esslöffel Blütenpollen.

VARIANTEN

Je nach Geschmack und Verfügbarkeit können Sie die Himbeeren auch durch andere Beeren wie Heidelbeeren, Erdbeeren oder Brombeeren ersetzen. Lecker ist auch eine Beerenmischung. Oder experimentieren Sie doch einmal mit Melonen, Aprikosen, Pfirsichen und Nektarinen – die Früchtemenge sollte stets die gleiche sein.

NOCH MEHR EIWEISS – BLÜTENPOLLEN

Bienenvölker sammeln während ihres Fluges von Blüte zu Blüte nicht nur wertvollen Nektar, sondern lesen mit ihren Hinterbeinen auch Pollen auf. Diese liefern nicht nur wertvolle Nährstoffe, sondern auch hochwertiges pflanzliches Eiweiß. Blütenpollen können Sie im Biosupermarkt kaufen.

Woche 3 – Das komplette Programm

Nun ist Ihre vitalisierende Übungsreihe komplett. Nehmen Sie die Herausforderung an und wiederholen Sie bei jedem Training möglichst alle neun Übungen. So fördern Sie Ihre Ausdauer. Planen Sie für das Programm mit neun Übungen pro Training inklusive Einstimmung und Endentspannung etwa 30 Minuten ein.

Wirkung: Die Übungsserie in Woche 3 kräftigt die Skelettmuskulatur und den Unterbauch. Sie fördert zudem die Verdauung.

HELD-FLOW 1

- ❶ Stellen Sie sich an den Mattenrand und machen Sie mit rechts einen weiten Schritt nach hinten, Füße hüftbreit auseinander. Zehen des rechten Fußes aufstellen.
- ❷ Beugen Sie das linke Bein, sodass der Unterschenkel senkrecht steht. Heben Sie mit der Einatmung beide Arme nach oben. Der Blick geht auch nach oben.
- Mit einer Ausatmung lassen Sie beide Arme wieder sinken und strecken das linke Bein. Der Blick geht nach vorn.

Zeitbedarf: Auf beiden Seiten acht bis zehn Wiederholungen im Rhythmus Ihres Atems.

HELD-FLOW 2

- ❷ Kommen Sie in die Haltung Held und atmen Sie tief ein.
- ❸ Mit der Ausatmung beugen Sie den Oberkörper nach vorn und legen ihn auf den Oberschenkel ab. Die gestreckten Arme zeigen nach vorn. Der Blick geht zu den Händen.
- Mit der Einatmung drücken Sie den linken Fuß in den Boden und richten den Oberkörper auf. Heben Sie gleichzeitig die Arme vor dem Körper über den Kopf.

Zeitbedarf: Auf beiden Seiten acht bis zehn Wiederholungen im Rhythmus Ihres Atems.

HELD-FLOW MIT KICK

- ❷ Kommen Sie noch einmal in die Ausgangshaltung Held und atmen Sie wieder tief ein.
- ❹ Mit einer Ausatmung ziehen Sie die Ellbogen nach hinten. Spannen Sie den Bauch an und ziehen Sie das rechte Knie hoch zur Brust.
- Mit der Einatmung setzen Sie das Bein langsam zurück in die Ausgangshaltung und schwingen die Arme wieder parallel nach oben.

Zeitbedarf: Auf beiden Seiten acht bis zehn Wiederholungen im Rhythmus Ihres Atems.

WOCHE 3 – REZEPTE

Inzwischen sind Sie schon fast Profi in Sachen Grüne-Proteine-Küche. Erweitern Sie Ihren Speiseplan um zusätzliche Eiweißstars wie beispielsweise Seitan.

FRÜHSTÜCK

Süßlupinen-Schichtmüsli mit Buchweizen
▸ **siehe Seite 66**

Erbsen-Ricotta-Aufstrich mit Sojabohnen
▸ **siehe Seite 60**

MITTAG- UND ABENDESSEN

TAG 1:

Quinoa-Süßlupinen-Bratlinge mit Roter Bete ▸ **siehe Seite 100**

Seitan mit Hanfsamenkruste auf Gemüse-Linsen ▸ **siehe Seite 79**

TAG 2:

Belugalinsensalat mit Apfel und Schafskäse
▸ **siehe Seite 98**

Zucchini-Tofu-Lasagne ▸ **siehe Seite 86**

TAG 3:

Tricolore-Quinoa-Salat ▸ **siehe Seite 101**
Süßlupinen-Amarant-Nocken mit Gemüse ▸ **siehe Seite 89**

TAG 4:

Kürbis-Dinkel-Salat mit Edamame ▸ **siehe Seite 95**
Blumenkohl-Linsen-Curry mit Cashewreis ▸ **siehe Seite 74**

TAG 5:

Rote Linsensuppe mit Kräuter-Mandel-Pesto ▸ **siehe Seite 71**
Bohnen à la Shakshuka ▸ **siehe Seite 73**

TAG 6:

Süßlupinennudeln mit Linsen-Bolognese ▸ **siehe Seite 87**
Fattoush – Arabischer Salat mit Azukibohnen ▸ **siehe Seite 97**

TAG 7:

Vollkorn-Tacos mit Erbsen-Guacomole ▸ **siehe Seite 91**
Buchweizen-Pancakes mit Himbeeren ▸ **siehe Seite 69**

Bücher, die weiterhelfen

Green, Fern
Grüne Proteine – Die besten Eiweißlieferanten. 66 Rezepte für Vegetarier und Veganer
Dorling Kindersley Verlag

Aus dem GRÄFE UND UNZER VERLAG

Bingemer, Susanna
Chia. Das Superkorn für den Stoffwechsel-Kick

Bingemer, Susanna
Superfoods. Kraftpakete aus der Natur

Elmadfa, Prof. Dr. Ibrahim et al.
Die große GU Nährwert-Kalorien-Tabelle

Kintrup, Martin
Vegan kochen. 100 % Genuss, 0 % Tier

Kittler, Martina
Expresskochen vegetarisch. Rasantes aus der grünen Küche

von Cramm, Dagmar et al.
Veggie for family. Fleischlos glücklich: abwechslungsreiche Jeden-Tag-Rezepte

Adressen, die weiterhelfen

Bezugsadressen

www.violey.com
Versand mit großer Auswahl an Süßlupinen-Produkten, Hanfproteinpulver, Blütenpollen, Spirulinapulver und vielen weiteren Naturkostprodukten.

Internet-Links

www.bmel.de
Das Bundesministerium für Ernährung und Landwirtschaft informiert über gesunde Ernährung, Lebensmittel und Landwirtschaft.

www.dge.de
Die Deutsche Gesellschaft für Ernährung ist Ansprechpartner für Ernährungsfragen in Deutschland.

www.lupinenverein.de
Die Gesellschaft zur Förderung der Lupine e.V. informiert über Anbau, Verarbeitung und Erforschung von Lupinen.

www.oege.at
Die Österreichische Gesellschaft für Ernährung ist Ansprechpartner für Ernährungsfragen in Österreich.

www.sge-ssn.ch
Die Schweizerische Gesellschaft für Ernährung ist Ansprechpartner für Ernährungsfragen in der Schweiz.

www.sojafoerdering.de
Das Netzwerk informiert über den Anbau und die Verwertung von Sojabohnen in Deutschland.

www.swissveg.ch
Swissveg informiert über vegetarische und vegane Lebensweise in der Schweiz.

www.proveg.com/de/
Die international führende Ernährungsorganisation bietet zahlreiche Informationen über eine vegetarisch-vegane Lebensweise.

www.vegan.at
Die vegane Gesellschaft in Österreich informiert über vegane Lebensweise.

Sachregister

Rezeptregister

A/B

C

E/F

G/H

K/M

P

Q

R

S/T

V/Z

Impressum

GU ist eine eingetragene Marke der GRÄFE UND UNZER VERLAG GmbH, www.gu.de

Projektleitung: Silvia Herzog
Lektorat: Ulrike Geist
Bildredaktion: Henrike Schechter
Korrektorat: Bernhard Edlmann
Umschlaggestaltung und Layout: independent Medien-Design, Horst Moser, München
Herstellung: Martina Koralewska
Satz: Christopher Hammond
Reproduktion: Medienprinzen GmbH, München
Druck und Bindung: Firmengruppe APPL, aprinta druck, Wemding

Printed in Germany

ISBN 978-3-8338-5935-9

9. Auflage 2025

Die GU-Homepage finden Sie unter www.gu.de

Bildnachweis

Cover und Innenteil: Kramp + Gölling, Reeßum
Food-Styling: Hermann Rottmann, Hamburg
Illustrationen: Stefanie Bemmann
Weitere Fotos: Beat Ernst: S. 2, 27; F1 Online: S. 46; Fotolia: Innenklappe vorne ob., Innenklappe hinten re. u., S. 24, 35, 41, 49; Getty Images: S. 22, 54; GU: Innenklappe hinten li. u. (Harry Bischof), S. 38 (Fotos mit Geschmack), 52 (Klaus-Maria Einwanger), 106 (J. Rodach); Istockphoto: Außenklappe vorne, Innenklappe vorne u., S. 8, 14, 19, 33, 40, 50; Masterfile: S. 26, 31, 34; Plainpicture: S. 43; Privat: Außenklappe hinten, S. 4 oben; Science Photo Library: S. 9; Shutterstock: Innenklappe hinten o., S. 55; Stocksy: S. 5, 36, 108.

Syndication: www.imageprofessionals.com

Wichtiger Hinweis

Die Gedanken, Methoden und Anregungen in diesem Buch stellen die Meinung bzw. Erfahrung der Verfasserin dar. Sie wurden von ihr nach bestem Wissen erstellt und mit größtmöglicher Sorgfalt geprüft. Sie bieten jedoch keinen Ersatz für persönlichen kompetenten medizinischen Rat. Jede Leserin, jeder Leser ist für das eigene Tun und Lassen auch weiterhin selbst verantwortlich. Weder Autorin noch Verlag können für eventuelle Nachteile oder Schäden, die aus den im Buch gegebenen praktischen Hinweisen resultieren, eine Haftung übernehmen.

Umwelthinweis

Dieses Buch wurde auf PEFC-zertifiziertem Papier aus nachhaltiger Waldwirtschaft gedruckt.

QUALITÄTS G|U GARANTIE

LIEBE LESERINNEN UND LESER,

wir wollen Ihnen mit diesem Buch Informationen und Anregungen geben, um Ihnen das Leben zu erleichtern oder Sie zu inspirieren, Neues auszuprobieren. Wir achten bei der Erstellung unserer Bücher auf Aktualität und stellen höchste Ansprüche an Inhalt und Gestaltung. Alle Anleitungen und Rezepte werden von unseren Autoren, jeweils Experten auf ihren Gebieten, gewissenhaft erstellt und von unseren Redakteur*innen mit größter Sorgfalt ausgewählt und geprüft.

Haben wir Ihre Erwartungen erfüllt? Sind Sie mit diesem Buch und seinen Inhalten zufrieden? Wir freuen uns auf Ihre Rückmeldung. Und wir freuen uns, wenn Sie diesen Titel weiterempfehlen, in Ihrem Freundeskreis oder bei Ihrem Online-Kauf.

Sollten wir Ihre Erwartungen so gar nicht erfüllt haben, tauschen wir Ihnen Ihr Buch jederzeit gegen ein gleichwertiges zum gleichen oder ähnlichen Thema um.

KONTAKT ZUM LESERSERVICE

GRÄFE UND UNZER VERLAG
Grillparzerstraße 8
81675 München
www.gu.de

Backofenhinweis

Die Backzeiten können je nach Herd variieren. Die Temperaturangaben in unseren Rezepten beziehen sich auf das Backen im Elektroherd mit Ober- und Unterhitze und können bei Gasherden oder Backen mit Umluft abweichen. Details entnehmen Sie bitte Ihrer Gebrauchsanweisung.

Appetit auf mehr?

ISBN 978-3-8338-6460-5

ISBN 978-3-8338-3843-9

ISBN 978-3-8338-3796-8

Laden im App Store

ANDROID APP BEI Google play

ISBN 978-3-8338-5934-2

ISBN 978-3-8338-5564-1

Alle hier vorgestellten Bücher sind auch als eBook erhältlich.

G|U

Willkommen im Leben.

Mehr von GU auf **www.gu.de** und
facebook.com/gu.verlag